改變世界的67場演說

品讀邱吉爾、德雷莎修女、
愛因斯坦、富蘭克林、蔡元培、
李開復等的人生精華

李祐元 著

派屈克・亨利
勝利並非只屬於強者，而屬於
機警、主動和勇敢的一方。

愛默生
我們要用自己的腳走路，用自己的手工
作，表達自己的意見。

馬丁路德・金恩
我有一個夢想，有一天，我的四個孩子
將生活在一個不是以膚色，而是以品格
優劣作為評判標準的國家裡。

人性始終有美好善良的一面，
但需要被有意的喚醒

文泉
清華

目錄

我是一隻「牛虻」

[古希臘] 蘇格拉底　西元前三九九年

名人小視窗

　　蘇格拉底（Socrates）（西元前四六九年 —— 西元前三九九年），古希臘唯心論哲學家。雅典人，其父是雕刻匠。早年隨父學藝，後從事哲學研究和教學。經常在公共場所同人們談話、討論或辯論各種問題，特別是倫理道德問題。具有極為高超的演講才能，說話富有魅力。柏拉圖、克里底亞、色諾芬等都投其門下。一生述而不著，只用口頭方式傳播自己的觀點，主要觀點記載於色諾芬的回憶錄和柏拉圖的對話中。

　　由於蘇格拉底堅持真理、主持正義，經常批評雅典統治階層的腐敗，因而遭到他們的忌恨。在他七十歲的時候，他被雅典統治者以「不敬神」、「腐蝕青年」為罪名判處死刑。他的學生和朋友們多次勸他逃離雅典，並為他安排了萬無一失的逃亡計畫，但他堅決拒絕。他認為儘管加給他的罪名純屬誣陷，但他既是雅典的公民，就應該遵守雅典的法律。行刑那天，來看望他的學生和親友都十分悲痛，而他卻鎮定自若，談笑依舊，最後從行刑官手裡接過毒酒一飲而盡，從容赴死。

　　按照雅典的法律，在法庭對被告判決以前，被告有權提出一種不同於原告所要求的刑罰，以使法庭二者選其一。蘇格拉底藉此機會發表了慷慨激昂

的演講，他認為自己的言行不僅無罪可言，而且有利於社會進步。

　　這篇演講就是蘇格拉底在法庭上為自己作的申辯詞。蘇格拉底用以退為進、以守為攻的方法和策略，以譏諷、嘲弄的語言和蔑視死亡的浩然之氣，一步步、一件件辯駁了法庭和原告強加在自己頭上的所謂罪名，陳述事實真相，揭露對方的無知，使法官和原告處於真正的被告席上，每一句話無不閃爍著智慧的光輝。

演講辭

　　公民們！我尊敬你們，我愛你們，但是我寧願聽從神，而不聽從你們；只要一息尚存，我永不停止哲學的實踐，要繼續教導、勸勉我所遇到的每一個人，仍舊像平常那樣對他說：「朋友，你是偉大、強盛、以智慧著稱的城邦雅典的公民，像你這樣只圖名利，不關心智慧和真理，不求改善自己的靈魂，難道不覺得羞恥嗎？」如果那個人說：「是啊，可我關心呀！」我就不肯馬上離開，也不讓他走，而會向他提出問題，反覆盤問他。如果我發現他並無美德，他卻說自己有，我就會責備他把重要的事情看成不重要，把無價值的東西看成有價值。我要把這些話再三向我所遇到的每一個人說，不管他年輕年老，不管他是公民還是僑民，特別要對本邦的公民說，因為他們是我的同胞。要知道，我這樣做是執行神的命令；我相信，我這樣做是我們國家最大的好事。因此我不做別的事情，只是勸說、敦促大家，不管老少，都不要只顧個人和財產，首先要關心改善自己的靈魂，這是更重要的事情。我告訴你們，金錢並不能帶來美德，美德卻可以帶來金錢，以及個人和國家的其他一切好事。這就是我的教義。如果它敗壞青年，那我就是壞人。如果有人說這不是我的教義，那他說的就不是真話。公民們！我對你們說，你們要知道，不管你們有沒有按照安虞鐸的話做，不管你們是不是釋放我，我絕不會

改變我的行徑，雖萬死而不變！

　　請不要打斷我的話，公民們，我要求過你們把話聽完，請聽我說下去。我還有一些話要說，你們聽了也許會叫喊，可是我相信你們聽了有好處，請不要叫喊。你們要知道，如果你們殺了我，殺了我所說的這樣一個人，你們受到的損失會比我還大。因為安虞鐸也好，梅雷多也好，都不能損害我分毫，因為我相信神的意旨絕不會讓壞人害好人。我承認，他也許可以殺死我，或者放逐我，或者剝奪我的公民權；他可以認為，別人也可以認為，這樣做就大大的損害了我，可是我不那麼想。我認為他現在要做的這件事 —— 不公道的殺死一個人 —— 只會傷害他自己更深。

　　公民們！我現在並不是像你們所想的那樣，要為自己辯護，而是為了你們，不讓你們由於定我的罪，而對神犯罪，錯誤的對待神賜給你們的恩典。你們如果殺了我，就很難找到另外一個人繼承我的事業。我這個人，講個不恰當的比喻，是一隻牛虻，是神賜給這個國家的。這個國家好比一匹碩大的駿馬，可是由於太大，行動遲鈍不靈活，需要一隻牛虻叮駿馬，使駿馬的精神煥發。我就是神賜給這個國家的牛虻，隨時隨地緊跟著你們，鼓勵你們，說服你們，責備你們。朋友們，我這樣的人不容易找到，我勸你們聽我的話，讓我活著。很可能你們很惱火，就像一個人被人叫醒了一樣，而寧願聽安虞鐸的話，把這隻牛虻踩死，這樣就可以放心大睡了，除非是神關懷你們，再派來另外一隻牛虻。我說我是神賜給這個國家的，絕非虛話，你們可以想想：我這些年來不營私利，不顧飢寒，卻為你們的幸福終日奔波，逐一訪問你們，如父如兄的敦促你們關心美德 —— 這難道是出於個人的私利嗎？如果我這樣做是為了獲利，如果我的勸勉得到了報酬，我的所作所為就是別有用心；可是現在你可以看得出，連我的控告者們，儘管厚顏無恥，也不敢說我勒索過錢財，收受過報酬，因為毫無證據，而我倒有充分的證據說明我

的話句句真實，那就是我的貧寒。

　　有人可能覺得奇怪，為什麼我要以私人身分勸告人們，干預別人的事情，而不敢參加你們的議會，向國家進忠告？這是有原因的，你們曾經聽我在各種各樣的時候，在各種各樣的地點說過，有一種神物或靈來到我的身上，這就是梅雷多訴狀中譏笑的那個神。這是一種聲音，我自幼就感到祂的來臨；祂來的時候總是制止我去做打算要做的事情，但從來不命令我去做什麼，就是祂阻止了我從事政治活動，我想這是很正確的。因為我可以斷定，同胞們，我如果參加了政治活動，那我早就沒命了，不會為你們或者為自己做出什麼有益的事了。

　　請不要因為我說出了真相而生氣，事實就是這樣。一個人如果剛正不阿，力排眾議，企圖阻止本邦做出很多不公道、不合法的事情，他的生命就不會安全，不管在這裡還是在別的地方都一樣。一個真想為正義而鬥爭的人如果要活著，哪怕活得很短暫，就只能當平民，絕不能擔任公職。

地球在轉動

〔義大利〕伽利略　西元一六三二年

名人小視窗

　　伽利略（Galileo Galilei）（西元一五六四年 —— 西元一六四二年），文藝復興時代義大利偉大的物理學家和天文學家。畢業於比薩大學，後來在比薩大學和帕多瓦大學任教。他最早運用望遠鏡觀察天體，發現了月球上的環形山、木星的衛星和太陽黑子，為地動說找到了新的天文證據；提出慣性原理和機械運動相對性原理，否定了亞里斯多德的自由落體理論，發現了自由落體規律和擺動規律，主張用數學語言研究物體的運動，是近代物理學的開創者。

　　這篇演講選自伽利略的著作《關於托勒密和哥白尼兩大世界體系的對話》。這篇演講不是科技論文，是關於思想方法的嚴厲批判，是運用邏輯論證方法駁斥論敵的生動的典範演講。演講的內容遠遠超出天文學的界限，具有那個時代的哲學高度。

演講辭

　　昨天我們決定在今天碰頭，把那些自然規律的性質和功用談談清楚，並且盡量談得詳細一點。關於自然規律，到目前為止，一方面有擁護亞里斯多

11

德和托勒密立場的人提出的那些；另一方面還有哥白尼體系的信徒提出的那些。由於哥白尼把地球放在運動的天體中間，說地球是像行星一樣的一個球，所以我們的討論不妨從考察逍遙學派攻擊哥白尼這個假設不能成立的理由開始，看看他們提出些什麼論證，論證的效力究竟多大。

在我們的時代，的確有些新的事物和新觀察到的現象，如果亞里斯多德現在還活著的話，我敢說他一定會改變自己的看法。這一點我們從他自己的哲學論述方式上，也會很容易的推論出來，因為他在書上說天不變等等，是由於沒有人看見天上產生過新東西，也沒有看見什麼舊東西消失，言下之意，他好像在告訴我們，如果他看見了這類事情，他就會作出相反的結論；他這樣把感覺經驗放在自然理性之上是很對的。如果他不重視感覺經驗，他就不會根據沒有人看見過天有變化而推斷天不變了。

如果我們是在討論法律上或者古典文學上的一個論點，其中不存在什麼正確和錯誤的問題，那麼也許可以把我們的信心寄託在作者的信心、辯才和豐富經驗上，並且指望他在這方面的卓越成就能使他把他的立論講得娓娓動聽，而且人們不妨認為這是最好的陳述。但是自然科學的結論必須是正確的、必然的，不以人們的意志為轉移的，我們討論時就得小心，不要使自己為錯誤辯護；因為在這裡，任何一個平凡的人，只要他碰巧找到了真理，那麼一千個狄摩西尼和一千個亞里斯多德都要陷於困境。所以，辛普利邱，如果你還存在著一種想法或者希望，以為會有什麼比我們有學問得多、淵博得多、博覽得多的人，能夠不理會自然界的實況，把錯誤說成真理，那你還是斷了念頭吧！

亞里斯多德承認，由於距離太遠很難看見天體上的情形，而且承認，哪一個人的眼睛能更清楚描繪它們，就能更有把握的從哲學上論述它們。現在多謝有了望遠鏡，我已經能夠使天體離我們比離亞里斯多德近三四十倍，因

此能夠辨別出天體上的許多事情，都是亞里斯多德所沒有看見的；別的不談，單是這些太陽黑子就是他絕對看不到的。所以我們要比亞里斯多德更有把握的對待天體和太陽。

　　某些現在還健在的先生們，有一次去聽某博士在一所有名的大學裡演講。這位博士聽見有人把望遠鏡形容一番，可是自己還沒有見過，就說這個發明是從亞里斯多德那裡學來的。他叫人把一本課本拿來，在書中某處找到關於天上的星星為什麼白天可以在一口深井裡看得見的理由。這時候那位博士就說：「你們看，這裡的井就代表管子；這裡的濃厚氣體就是發明玻璃鏡片的根據。」最後他還談到光線穿過比較濃厚和黑暗的透明液體使視力加強的道理。

　　實際的情形並不完全如此。你說說，如果亞里斯多德當時在場，聽見那位博士把他說成是望遠鏡的發明者，他是不是會比那些嘲笑那位博士和他那些解釋的人，感到更加氣憤呢？你難道會懷疑，如果亞里斯多德能看到天上的那些新發現，他將改變自己的意見，並修正自己的著作，使之能包括那些最合理的學說嗎？那些淺薄到非要堅持他曾經說過的一切話的鄙陋的人，難道他不會拋棄他們嗎？怎麼說呢？如果亞里斯多德是他們所想像的那種人，他將是冥頑不靈、頭腦固執、不可理喻的人，一個專橫的人，把一切別的人都當作笨牛，把他自己的意志當作命令，而凌駕於感覺、經驗和自然界本身之上。給亞里斯多德戴上王冠的，是他的那些信徒，他自己並沒有竊取這種權威地位，或者據為己有。由於披著別人的外衣藏起來比公開出頭露面方便得多，他們變得非常怯懦，不敢越出亞里斯多德一步；他們寧可隨便否定他們親眼看見的天上的那些變化，而不肯動亞里斯多德的天界一根寒毛。

不自由，毋寧死

[美國] 派屈克·亨利　西元一七七五年

名人小視窗

派屈克·亨利（Patrick Henry）（西元一七三六年 —— 西元一七九九年），美國革命時期傑出的政治家，演說家。曾任律師，維吉尼亞州議員。本篇發表於西元一七七五年三月二十三日該州第二次議會，主張武裝獨立，反對妥協和解，在美國革命文獻史上占有重要地位。

演講辭

議長先生：

沒有人比我更欽佩剛剛在議會上發言的尊貴的先生們的愛國精神和才能。但是，對同一問題的看法往往因人而異；因此，如果我持有截然不同的觀點，並且毫無顧忌、毫無保留的說出來，希望不要被視為對先生們的不敬。現在不是講客套話的時候。議會面臨的問題是國家正處於嚴重的關頭。我認為，這個問題關係到享受自由還是蒙受奴役，而且由於事關重大，必須允許自由辯論。只有這樣，我們才可望澄清事實，完成上帝國家賦予的重任。在這種時刻，如果怕冒犯別人而閉口不言，我認為就是叛國，就是對比世間所有國君更為神聖的上帝的不忠。

議長先生，對希望抱有幻覺是人的天性。我們易於閉起眼睛，不願正視痛苦的現實，而去傾聽海妖的歌聲，直到她把我們化為禽獸。在為自由而進行偉大而艱巨的鬥爭時，這難道是聰明人的作為嗎？難道我們願意成為對獲得救贖這樣休戚相關的事視而不見，聽而不聞的人嗎？對我來說，無論在精神上會多麼痛苦，我仍然願意了解全部真相和最壞的事態，並做好最壞打算。

我只有一盞指路明燈，那就是經驗之燈。除了過去的經驗，我別無他法判斷未來。而根據過去的經驗，我倒希望知道，十年來英國政府的所作所為，憑什麼足以使各位有理由滿懷希望，並欣然用來安慰自己和議會？難道是最近接受我們請願時的那種狡詐的微笑嗎？先生們，別相信這種微笑；事實將證明它是你們腳旁的陷阱。不要因人家的親吻而被出賣！請各位自問，寬厚的接受我們的請願，怎能與遍布我們海陸疆域的大規模備戰相稱呢？難道出於愛護與和解，有必要動用戰艦和軍隊嗎？難道我們表示過不願和解，必須用武力贏回我們的愛嗎？先生們，不要再自欺欺人了，這些都是戰爭和征服的手段，是國王最後的托詞。請問先生們，如果不是為了迫使我們就範，這些戰爭部署意味著什麼？各位能指出有其他動機嗎？難道在世界這一角，還有別的敵人值得大不列顛興師動眾，集結起龐大的海陸武裝嗎？不，先生們，沒有任何敵人了。一切都是針對我們，而不是針對別人的。他們是派來給我們套緊那條英國政府早就鑄造好的鎖鏈的。我們靠什麼進行反抗呢？靠爭辯嗎？先生們，我們已經爭辯了十年了。難道在這個問題上還提得出新的意見嗎？提不出了。我們已經從各方面進行了考慮，但一切都是枉然。難道我們要苦苦哀告，卑詞乞求嗎？難道我們還有什麼話沒有說過嗎？先生們，我請求你們不要再自欺欺人了。為了阻止這場即將來臨的風暴，一切該做的都已經做了。我們請願過，我們抗議過，我們哀求過；我們曾拜倒

在英王御座前，懇求他制止內閣和國會的殘暴。然而，我們的請願受到了蔑視，我們的抗議招致了更多的鎮壓和凌辱，我們的哀求被置之不理，我們被輕蔑的從御座邊一腳踢開了。事到如今，即使我們懷有和平與諒解的美好希望，也已經無濟於事，沒有任何希望的餘地了。如果我們想獲得自由 —— 如果我們真要維護為之奮鬥已久、使之不受侵犯的寶貴權利 —— 如果我們不願卑微的放棄我們長期進行的、誓言不達目的絕不不罷休的崇高鬥爭，那麼，我們就必須戰鬥！我再說一遍，先生們，我們必須戰鬥！我們別無選擇，只有訴諸武力，求助於戰爭之神！

先生們，他們說我們太弱小，無法抵禦如此強大的敵人。可是，我們何時才能強大？是下週，還是明年？難道要等到我們被徹底解除武裝，家家戶戶都有英軍把守的時候？難道我們猶豫不決，無所作為，就能積聚起力量？難道我們高枕而臥，抱著虛幻的希望，等到敵人捆住我們的手腳，才能找到抗敵良策？先生們，只要我們能妥善利用自然之神賜予我們的力量，我們就不弱小。三百萬人民為著神聖的自由事業武裝起來，而且擁有這樣一片國土，這是敵人派遣任何部隊都無法戰勝的。此外，先生們，我們並不是孤軍奮戰。公正的上帝主宰著各國的命運，他將號召朋友們為我們而戰。先生們，戰鬥的勝利並非只屬於強者，而屬於機警、主動和勇敢的一方。何況我們已經別無選擇。即使我們沒有骨氣，想退出戰鬥，也為時已晚。我們已經沒有退路，除非甘受屈辱和奴役！囚禁我們的枷鎖已經鑄成！叮噹的鐐銬聲已經在波士頓平原上迴響！戰爭已經不可避免 —— 讓它來吧！我重複一遍，先生們，讓它來吧！

先生們，企圖緩和事態是徒勞的。各位可以高呼「和平、和平」——但根本不存在和平。戰爭實際上已經打響！從北方刮來的又一次風暴，將把武器的鏗鏘迴響傳到我們的耳際！我們的弟兄已經奔赴戰場！我們為什麼還

站在這裡袖手旁觀？各位究竟想要什麼？他們會得到什麼？難道生命這麼可貴，和平這麼甜蜜，竟值得以鐐銬和奴役作為代價？全能的上帝啊，制止他們這樣做吧！我不知道別人走哪條路，至於我，不自由，毋寧死！

自由和知識

[美國] 約翰・亞當斯

名人小視窗

約翰・亞當斯（John Adams）（西元一七三五年 —— 西元一八六二年）生於美國麻薩諸塞州，畢業於哈佛學院，學過法律，教過初級中學，並獲得了律師資格。西元一七六五年亞當斯在《波士頓公報》上發表文章抨擊《印花稅法》，自此他便積極參與殖民地的政治。西元一七七四年，他當上第一次大陸議會的代表。他也是由湯瑪斯・傑弗遜組成的《獨立宣言》起草委員會的成員。亞當斯是美國第一任副總統，後來又當選為總統（西元一七九七年－西元一八〇一年）。西元一八〇〇年競選總統時被湯瑪斯・傑弗遜擊敗。他和傑弗遜都是在美國獨立五十週年紀念日 —— 西元一八二六年七月四日去世的。

演講辭

凡是人民普遍有一般知識和覺察能力的地方，專制統治和各種壓迫就會相應的減弱和消失。人類肯定有高尚的靈魂，而且在人性中也有同樣的原則，即建立在博愛基礎上並為知識所珍視的崇高原則；我是說對權力的貪戀常常是造成奴役的原因，而任何時候只要有自由存在，這種貪戀也是要求自

由的原因。如果正是這個原則一直在激發著世上的王公貴族使用各種欺騙和暴力手段擺脫對他們權力的所有限制，那麼同樣也是這個原則一直在激勵著百姓去追求獨立，爭取將大人物的權力限制在公正和理智的範圍內。

　　窮人的確遠不如大人物成功。他們難得有機會去組成聯合並發揮他們的力量。由於沒有文化知識，他們難以形成和支援一個固定的反對派。不過大人物們已經知道這是人類的秉性。於是在各個時代，他們都極力阻止那些被他們稱為群氓的百姓得到有關他們的權利以及侵犯他們的權利的知識，並且剝奪了他們維護自己的權利、矯正侵犯他們的權利的行為的權力。我所說的權利，無疑是指在世上任何政府成立之前他們就有的權利，是人類法律無法廢除或限制的權利，是宇宙偉大立法者所賦予的權利……如果人民沒有一般的知識，自由就難以得到維護。人民有天賦獲得知識的權利，因為無所不能的偉大造物者已經賦予他們理解能力和求知的欲望。但是，除了這種權利之外，他們還有一個權利，一個無可爭議、不可讓與、無法廢除的神聖權利去獲取最令人畏懼和羨慕的那種知識，我指的是了解他們統治者的品質和德行。對於人民來說統治者只不過和律師、代理人和董事一樣。如果他們的事業、利益、和信任被陰險的背叛了，或者被不負責任的虛耗了，那麼人民就有權利取消他們自己所授予的權威，並任命更能幹、更好的代理人、律師和董事。在最底層人民中保留獲取知識的手段對公眾來說比保留全國所有富人的財產更重要。這對富人本身以及他們的後裔甚至更重要。唯一的問題是這是否要由公眾出錢，如果是，那麼富人無疑應當按與其他公眾負擔同樣的比例出錢，也就是說，按他們財富的比例出錢，況且這些財富的安全是用公共費用來保護的。但是沒有一種獲取消息的手段比新聞報導更神聖、更為北美居民所珍視的。

　　人們已經採取措施鼓勵印刷技術的發展，使任何人都能很容易、很便

宜、很安全的把他的思想與公眾交流……讓我們大膽去讀，去想，去說，去寫。喚起各階層人民的注意，激發他們下定決心，讓他們都去注意教會的和世俗的統治基礎和原則。

讓我們研究自然法規，探求英國憲法的精神，閱讀古代歷史，思考希臘和羅馬的偉大史例，對照我們英國祖先的品行。我們的祖先已經為我們保衛了人類的固有權利，即反對外暴君和篡權者，反對專制國王和殘酷的神父，總之，反對人間和地獄之門的權利。

讓我們閱讀、回顧、銘記我們自己更直系的祖先在離開他們土生土長的國家，來到這淒涼的荒野時的意圖和目的。

讓我們審查那種把他們趕出家鄉的權力的性質和那種壓迫的殘酷性。

讓我們回顧他們令人驚歎的不屈不撓精神，回顧他們所遭的苦難 —— 食不果腹，衣不蔽體，寒冷不堪，而這些他們都默默承受了。讓我們回顧他們在野獸和野蠻人帶來的危險之中，在他們有時間，或有金錢或物質去經商之前，清理場地，建造房子，種植糧食，飼養牲畜的艱苦勞動。

讓我們回顧那些一直支撐著他們默默忍受所有艱難困苦的世俗的和宗教的原則、希望和期待。

讓我們回顧一下，正是自由，正是為他們自己、為我們和我們的後代爭取自由的希望征服了所有的挫折、危險和考驗。

讓我們在這幾個部門裡的人都進行這樣的研究，尤其是法律、知識和宗教的合適保護人和支持者應該進行這樣的研究！讓我們的講壇迴盪著宗教自由的主張和意見。

讓我們聽到由於無知、極端貧困和依賴，總之，由於政府和政治的奴役使我們的良知處於受奴役狀態的危險。

讓我們看清我們面前人類真實面目的輪廓。

讓我們聽到人性的尊嚴，聽到在上帝造物中人類所處的崇高地位。

讓我們聽到人們說同意受奴役就是褻瀆神的信任，在上帝看來這就像損害我們自己的榮譽、利益和幸福一樣使他生氣。

讓我們聽到人們說萬能的上帝已經從天上賦予人類自由、和平和親善！

讓法庭宣布那些從遠古時代傳下的「法律、權利、權力的寬大策略」。讓法庭告訴世人我們的祖先為捍衛自由所作的有力鬥爭和無數犧牲。讓人們知道他們原來的權利、他們原來契約上的條件是和帝王的特權平等的，而且是和政府同時並存的。

讓人們知道我們的許多權利是固有的而且必不可少，早在國會存在之前人們就同意以這些權利為金科玉律並把它們確定為頂先必備的權利。讓他們從人性的構成，從知識和道德世界的組成方面去探求英國法律和統治的基礎。這樣我們就會看到真理、自由、正義和博愛是其永久的基礎，如果這些可以被拿掉，那麼上層建築當然就會被推翻。

讓各個團體的和聲都加在一起組成一個共同的快樂音樂會。讓每一篇演講都來談自由和道德之美，都來談奴役和邪惡之醜陋、卑鄙和惡毒。

讓公眾的爭論都變成探究統治的依據、性質和目的，以及保留善剷除惡的手段。

讓我們把有關權利的主張以及對自由的感覺透過對話和正或演說銘刻在溫和的思想裡，並向遠近各處傳播。一句話，讓知識的每一道閘門都打開，讓知識的源泉暢流。

我對這部憲法很滿意

[美國] 富蘭克林　西元一七八七年

名人小視窗

　　班傑明‧富蘭克林（Benjamin Franklin）（西元一七○七年 —— 西元一七九○年），美國資產階級革命家、科學家。西元一七三一年在費城建立美國第一個公共圖書館。他在北美殖民地爭取獨立的鬥爭中有著重要作用，獨立戰爭時期參加反英鬥爭，當選為第二屆大陸會議代表，並參加起草《獨立宣言》。西元一七八七年為制憲會議代表，參與制定世界上第一部成文憲法，主張廢除奴隸制度。西元一七四三年，建立北美哲學會。西元一七五一年參與創辦賓夕法尼亞大學。西元一七三七年以後，曾任費城郵政局副局長、北美殖民地郵政總局副局長。富蘭克林在自然科學方面也頗有成就。主要的科學工作是在電學方面。西元一七四六年以後，他進行了一系列實驗研究，說明了萊頓瓶的作用，製成第一個平面電容器（由兩塊平行金屬板中間夾一層玻璃組成）。西元一七五○年發明避雷針。西元一七五二年，富蘭克林進行了風箏實驗，證明地下電流與大氣電流相同。

　　這篇演講是富蘭克林在西元一七八七年起草和討論美國憲法的獨立大會上發表的。

演講辭

我得承認我對目前的憲法並不完全贊成。可是，諸位先生，我可不敢說我以後還會不贊成它，因為，我活得這麼久，我經歷過許多事，這些事都必須在以後借更好的資料或更周密的考慮，來改變甚至是不容易更改的意見，而這些意見我一度認為是對的，現在才發現它的錯誤。因此，我活得越久，就越易懷疑自己對別人的判斷是否正確。說真的，大多數的人和大多數宗教教派一樣，都認為自己才擁有全部真理，別人都跟他們大相徑庭，這簡直是大錯特錯！斯蒂爾是位新教徒，他有一次在祝聖禮上對教眾說，我們兩個教會都各自相信自己的教條是顛撲不破的，還是英格蘭的教條絕不會有錯。可是，雖然有許多人就跟相信自己的教派一樣，認為自己是絕不會有錯的，但是卻沒有人能夠像一位法國小姐在與她姐姐有點小爭執中，很自然的說出這句話：「除了我之外，我所交談的人都認為他們是對的。」

如同我這樣感觸，各位先生，我得同意憲法是有其缺點的 —— 假使這句話不錯 —— 因為我認為我們必須有個一般的政府，假使憲法能好好執行，它就會為公眾帶來福祉；而且我更相信，這個憲法可能會認真執行數年，而且當人民只需要專制政府而不需要別的政府時，它最後也會變成專制政府。同樣的，我也懷疑我們所舉辦的任何大會是否能締造出較好的憲法來；這是因為您得召集一些人，集思廣益，可是不可避免的，您也集結了他們所有的成見，他們的私情，他們意見的謬誤，他們地方的利益和他們自私的想法。像這樣的一個大會，會產生出完美的結果嗎？

因此，先生們，我如果發現這部憲法接近完美，我將會大感驚異。我也認為這部憲法也會使我們的敵人大吃一驚。因為我們的敵人正樂於聽到我們的國策顧問們也像建造巴貝爾城的人一樣，因意見不同而內部混亂。他們也樂於見到我國瀕於分裂，以便達到他們扼住我們命運的目的。所以，

先生們，我對這部憲法很滿意，因為我們沒有更好的了，同時也因為我確定不了它不是最好的。若有人指責它的錯誤，我也拿來貢獻給國家。我絕不會把這些意見洩漏出去的。它們生於斯，也應死於斯。假使我們一個人能為關心這部憲法，而說出他們指責的意見，並盡力找出和您有同感的同志，我們可以阻止您的意見被廣泛探知，以免在國外和在我們之間，由於我們的意見不一致，而失去它對於國家利益的重大貢獻。一個政府在追求和保障人民的幸福上，是否有成績，是否有效率，大部分要依靠人民是否為政府著想，以及政府人員本身的才智和團結一致。因此，我希望，為了我們自己，作為一個民眾的立場，也為了我們的繁榮，我們應該熱誠一致，使憲法也能臻於我們影響力所及的地方，並要把握將來的目標，努力去尋求能使憲法貫徹到底的方法。

總而言之，先生們，我總是希望與會的人們當中具有對憲法仍持反對意見的人，在這種情況下，他會跟我一樣，懷疑我們的反對意見是否真的可以成立，而且為了表示我們的意見一致，我希望他也簽他的大名於這個法定檔上。

美國人民的實驗

[美國] 華盛頓　西元一七八九年

名人小視窗

喬治·華盛頓（George Washington）（西元一七三二年 ── 西元一七九九年），美利堅合眾國奠基人之一，第一任總統（西元一七八九年 ──西元一七九七。任期內，他超脫黨派和地方紛爭，成功組建並維護了共和制中央政府。本篇發表於西元一七八九年四月三十日，是他在臨時首都紐約發表的首任就職演說，反映了他要在強權控制的世界上進行「共和制實驗」的決心。

演講辭

議院和眾議院的同胞們：

本月十四日，我收到由你們命令送達的通知。在人生的沉浮中，沒有哪件事能比這更令我憂慮不安了。一方面，國家在召喚我，對於她的召喚，我永遠只能深懷敬仰和愛戴去遵從；懷著滿腔摯愛，滿腔希望和堅定的決心，我選擇了隱退作為晚年的歸宿，出於習慣和愛好以及隨著時光的流逝，健康每況愈下，我漸感體力不支，隱退也便顯得如此的必要和可貴。另一方面，國家召喚我擔負的責任如此重大而艱巨，足以使國內最具智慧和經驗的人望

而卻步；而我自知才疏學淺，又無管理民政的經驗，倍感自己難以擔此重任。在這矛盾的心情裡，我唯一敢斷言的是，我忠實的努力目標即透過對各種可能造成影響的情況進行公正的評判來恪盡職守。我唯一敢祈望的是，如果我在履行這項職責時，因沉湎往事或因受到公民們對我的高度信任而產生的影響，即使在處理重大而從未嘗試過的事情時，忽視了自己的無能和消極情緒，我的錯誤將會因誤導我的各種動機而減輕，而大家在評判錯誤的結果時，也會對產生這些結果的動機給以適當的包涵。

這些就是我聽從公眾召喚就任現職時的感想，值此宣誓就職之際，若不熱忱的祈求全能的上帝就太不合時宜了。因為上帝統治著宇宙，統轄著各國政府，它的神助能彌補人類任何的不足；讓我們祈求上帝，賜福於這個將維護美國人民的自由和幸福以及為實現這些基本目的而奮鬥的政府，保佑我負責下的政府各項行政措施都能成功、有效。在對締造了公共利益和私人利益的上帝致敬時，我深信，這些話不僅是我自己也是諸位和廣大公民想要表達的心意。沒有人能比美國人對掌管人間事物的上帝的認可與崇拜更加矢志不渝。他們在邁向獨立國家的每一步中都似乎有某種天意在起作用；在剛剛實現的聯邦政府體制的重大改革中，如果沒有神對我們虔誠的感恩而賜予的某種回報，如果我們不是在謙卑的企盼著過去神示的賜福的降臨，那麼，不可能透過眾多截然不同的社團以心平氣和、自願贊同的態度來完成改革，而且此種方式是不能與大多數政府的組建方式相提並論的。在目前這危機時刻所產生的想法，已使我深有所感而不能自已。我相信大家和我懷有同感，即只有在上帝的指引下，這個新生的自由政府才能一開始就萬事順利。

根據設立行政部門的條款，總統的責任是「將他認為必要而可行的措施提交國會審議」。但在目前與大家見面的情況下，我不想深究這個問題，只想提一下偉大的憲法，它使各位今天濟濟一堂，它限定了大家的權利，指出

大家應該注意的目標。在這樣的情形下，只有不拿出具體措施，而是稱頌那些被選出來規劃和採納這些措施的人的才能、正直和愛國心，才是更適當、也更能反映我內心熱情的做法。從這些高貴的品格中，我找到了最可靠的保障，一方面，沒有任何地方偏見或地方感情，也沒有任何觀點分歧或黨派敵意，能使我們偏離全面和公平的觀點，因為這些觀點是用來維護這個由不同黨派和利益構成的聯合體；因此，另一方面，國家政策的基礎是建立在純潔而堅定的個人道德原則上的，而自由政府的優越性則透過它那贏得民心和全世界矚目的一切品質而體現出來。我對國家的一片摯愛之心激勵著我用每一份滿足去展望這幅遠景，在自然界的構成和發展之中，在美國與幸福之間，責任與利益之間，在寬容可信的政策的真正準則與人民繁榮幸福的完全回報之間，再也沒什麼比這些更有著密不可分的統一，因為我們應該完全相信，上帝絕不可能厚望於那些無視它親自規定的永恆秩序和權利法則的國家；因為人們把維護神聖的自由之火和共和制政府的命運，理所當然、滿懷深情、也許是最後一次係於美國人民所遵命進行的實驗上。

我已將有感於這一聚會場合的想法奉告各位，現在我要向大家告辭了；但在此之前，我要再一次謙卑祈求仁慈上帝的幫助，因為它已經賜予美國人深謀遠慮的機會，以及為確保和促進聯邦的安全和幸福，用史無前例的一致意見來決定政府體制的意向。所以，同樣明顯的是，上帝保佑我們擴大視野，平心靜氣進行磋商，並依靠明智的措施，而本屆政府正是有賴於此才能取得成功。

告別演說

[美國] 華盛頓　西元一七九六年

名人小視窗

喬治‧華盛頓西元一七九六年拒絕再次連任，在美國政治中樹立了兩屆任期的傳統。本篇是他向全國人民所作的告別辭節錄。

西元一七九六年九月十七日，華盛頓發表這篇演講，決心不再連任總統，結束自己的政治生涯。演講中，華盛頓以懇切的言辭，表達了對國家的熱忱和不做第三任總統的願望。華盛頓不做終身總統，這又為美國開創了範例，後又用法律形式予以肯定，從而保留至今。

演講辭

各位朋友和同胞：

我們重新選舉一位公民來主持美國政府的行政工作，已為期不遠。此時此刻，大家必須運用思想來考慮把這一重任付託給誰。因此，我覺得我現在應當向大家聲明，尤其因為這樣做有助於使公眾意見獲得更為明確的表達，那就是我已下定決心，謝絕將我列為候選人……

關於我最初負起這個艱巨職責時的感想，我已經在適當的場合說過了。現在辭掉這一職責時，我要說的僅僅是，我已誠心誠意地為這個政府的組織

和行政，貢獻了我這個判斷力不足的人的最大力量。就任之初，我並非不知我的能力薄弱，而且我自己的經歷更使我缺乏自信，這在別人看來，恐怕更是如此。年事日增，使我越來越認為，退休是必要的，而且是會受歡迎的。我確信，如果有任何情況促使我的服務具有特別價值，那種情況也只是暫時的，所以我相信，按照我的選擇並經慎重考慮，我應當退出政壇，而且，愛國心也容許我這樣做，這是我引以為慰的……

講到這裡，我似乎應當結束講話。但我對你們幸福的關切，雖於九泉之下也難以割捨。由於關切，自然對威脅你們幸福的危險憂心忡忡。這種心情，促使我在今天這樣的場合，提出一些看法供你們嚴肅思考，並建議你們經常重溫。這是我深思熟慮和仔細觀察的結論，而且在我看來，對整個民族的永久幸福有著十分重要的意義……

你們的心弦與自由絲絲相扣，因此用不著我來增強或堅定你們對自由的熱愛。

政府的統一，使大家結成一個民族，現在這種統一也為你們所珍視。這是理所當然的，因為你們真正的獨立，彷彿一座大廈，而政府的統一，乃是這座大廈的主要柱石，它支持你們國內的安定、國外的和平，支持你們的安全、你們的繁榮，以及你們如此重視的真正自由。然而不難預見，會有某些力量試圖削弱大家心裡對於這種真理的信念，這些力量的起因不一，來源各異，但均將煞費苦心，千方百計的產生作用；其所以如此，乃因統一是你們政治堡壘中一個重點，內外敵人的炮火，會最持續不斷和加緊的（雖然常是祕密的與陰險的）進行轟擊。因此，最重要的乃是大家應當正確估計這個民族團結對於集體和個人幸福所具有的重大價值；大家應當對它抱著誠摯的、經常的和堅定不移的忠心，你們在思想和言語中要習慣於把它當作大家政治安全和繁榮的保證；要小心翼翼守護它。如果有人提到這種信念在某種情況

下可以拋棄，即使那只是猜想，也不應當表示支持。如果有人企圖使我國的一部分脫離其餘部分，或想削弱現在聯繫各部分的神聖紐帶，在其最初出現時，就應當嚴加指責......我們要對所有國家遵守信約和正義，同所有國家促進和平與和睦相處。宗教和道德要求我們這樣做......

我在這方面和在其他方面一樣，均須仰賴國家的仁慈，我熱愛國家並受到愛國之情的激勵，這種感情，對於一個視國家為自己及歷代祖先的故土的人來說，是很自然的。因此，我以歡欣的期待心情，指望在我切盼實現的退休之後，我將與我的同胞們愉快的分享自由政府下完善的法律的溫暖 —— 這是我一直衷心嚮往的目標，並且我相信，這也是我們相互關懷、共同努力和赴湯蹈火的優厚回報。

美國的哲人

[美國] 愛默生　西元一八三七年

名人小視窗

拉爾夫・沃爾多・愛默生（Ralph Waldo Emerson）（西元一八〇三年 —— 西元一八八二年），美國著名散文作家、詩人、哲學家和演講家。出身於一個美洲開拓者的家族。在美國國內政治鬥爭中，他反對南方奴隸制，擁護民主，主張南北統一。在文化思想上，他代表著以哈佛大學和波士頓為中心的民族文化獨立運動。

這是愛默生西元一八三七年八月三十一日在麻塞諸塞劍橋鎮哈佛校園向全美大學生聯誼會發表的年度演講。當時，美國雖然已經獨立，但在文化思想上，還在「聽著歐洲溫雅的文藝女神說話」，依賴著外來文化。愛默生的這篇演講呼籲美國人應結束「膽怯的，模仿性的，馴服性的」美國文化，「用自己的腳走路，用自己的手工作，發表自己的意見」。這篇演講被譽為「美國知識獨立宣言」。

演講辭

會長，諸位，我們今年的文藝工作又開始了，我向你們致敬。

這是一個滿有希望的週年紀念日，但有待努力的地方也許仍舊很多。我

們聚集在一起，並非為了較力或較技，也不是來朗誦歷史、悲劇和詩賦，像古代的希臘人一樣；也不是為了戀愛與詩歌而集會，像中世紀的浪漫詩人一樣；也不是為了科學的進展，像英國與歐洲各國都會的現代人一樣。到現在為止，我們這個假日只是一種友善的表示，說明我們這民族雖然過度忙碌，沒有餘閒欣賞文學，對於文藝的愛好依然存在。

　　就連這樣，這一天也是寶貴的，因為它表示文藝的愛好是一種無法毀滅的本能。但是它應當更進一步，它將要更進一步 —— 也許現在已經到了時候了；美洲懶散的智力將要由它的鐵眼瞼下面望開去，使這世界對於它久未兌現的期望得到滿足，比機械技巧方面的成就得到更好的東西。我們依賴別人的日子，對於其他國土的學識悠長的學習時期，將近結束了。我們四周有億萬青年正向人生裡面衝進來，不能永遠用異邦殘剩的乾枯的穀糧來餵他們。某些事件、行動發生了，這些事件、行動是必須被謳歌的，它們本身謳歌自己。誰會懷疑詩歌將要復興，導入一個新時代；像那天琴星座中，現在在天頂上發光的那一顆星，天文學家宣布說，它有一天將要成為海行者標誌的北極星。

　　我抱著這樣的希望，接受了這題目 —— 今天這一天的演講，不但由於慣例，而且由於我們這協會的性質，似乎限定要用這題目 ——「美國的哲人」。一年又一年，我們到這裡來讀他的傳記中的又一章，讓我們來探究新時代與新未來。詩人在極度的孤獨生涯中回憶他自動自發的思想，把它記錄下來，我們發現他記錄下來的這些，就連擁擠的城市裡的人也認為是真實的，可以應用在他們自己身上。演說家起初感到懷疑，他那些直爽的自白也許不大適宜，他對於他的聽眾也知道得太少，然而他隨後就發覺他和聽眾是相互為用，缺一不可的 —— 他們充分吸收他的語句，因為他代替他們滿足了他們的天性；他深入發掘自己最陰私，最祕密的預感，而他驚奇的發覺這是一般

人最易接受的，最公開的，和具有普遍的真實性的，群眾喜歡這個；每一個人裡面善良的一部分都感覺到：這是我的音樂，這是我自己。

會長，諸位，——一切動機，一切預言，一切準備，都指出說：這種對於人類尚未開發的威力的信心，是屬於美國的哲人。我們聽著歐洲溫雅的文藝女神說話，聽得太久了。人們已經懷疑美國的自由人的精神是膽怯的，模仿性的，馴服的。大眾與私人的貪欲，使我們呼吸的空氣變得厚重而肥膩。哲人是行為端正的，怠惰的，柔順的。你已經可以看見那悲慘的結果。這國家的心靈，因為人家救它以低等的東西為目標，它自己吞噬自己。除了循規蹈矩的柔順的人，誰都找不到工作。最有希望的年輕人，在我們的國土上開始他們的生命，飽吸著山風，被上帝所有的星辰照耀著。然而他們發現下面的土地和這些不協調，他們的行動，被一般人經營事業的原則所灌注的憎惡妨礙著；他們淪為賤役，或是因為憎惡而死亡，有些是自殺的。

用什麼方法來補救呢？他們還沒有覺悟——而千千萬萬同是充滿了希望，擠到柵欄跟前想創立事業的青年，也還沒有悟到這一點；如果一個人堅強站定在他的本能上，留守在那裡，那廣大的世界自會來遷就他的。忍耐——忍耐；你澤惠著一切善良的、偉大的人的餘蔭；你的安慰是你自己無限的生命的遠景；你的工作是研究與傳達原理，是使這些本能普及，是感化全世界。

一個人生在世上，如果不成為有用的人——不被人當作一個人物看待——不產生每一個人天生應當結出的特殊的果實，而被人籠統的看待，成千論萬，以我們所屬的政黨或地域來計算，以地理上的區別來預測我們的意見，稱我們為北方或南方——這豈不是最大的恥辱？不能像這樣，兄弟們，朋友們——天哪，我們的一生不要像這樣。我們要用自己的腳走路；我們要用自己的手工作；我們要發表自己的意見。研究文學將不復是一個引人憐

憫的名詞，使人懷疑的名詞，或是僅只代表感覺上的縱欲。人的敬畏與人的愛，將是一層保衛的牆壁，一個喜悅的花圈，圍繞著一切。

　　一個「人的國家」將初次存在，因為每一個人都相信他自己是被神靈賦予靈感的，而那神靈也將靈感賦予一切的人。

只有民主的波蘭才能獲得獨立

［德國］馬克思　西元一八四八年

名人小視窗

　　卡爾・馬克思（Karl Marx）（西元一八一八年　　西元一八八二年），全世界無產階級的馬克思主義的創始人。出身於德國普魯士邦萊茵省特利爾城的一個律師家庭。西元一八四一年畢業於柏林大學，獲哲學博士學位。他把畢生精力投入到無產階級的解放事業之中。他同恩格斯並肩戰鬥，領導共產主義同盟，並合作起草了世界各國無產階級的指南——《共產黨宣言》。馬克思的不朽之作《資本論》（第一卷），無可辯駁揭示了剩餘價值的規律和資本主義必然滅亡和共產主義必定勝利這一人類社會的發展規律。

　　馬克思認為，理論必須聯繫實際，必須從實踐中來，再到實踐中去；研究理論，也應如此，不是為理論而研究，因此，他總是將理論與德國社會及整個歐洲世界乃至人類命運前途連結在一起，試圖為人類尋找出一條光明的道路。在理論與實踐相結合中，馬克思非常注重了解世界各國人民的鬥爭實踐，支持他們的革命鬥爭。西元一八四六年二月，波蘭南部城市克拉柯夫人民為爭取獨立自由，舉行反抗沙皇俄國統治的武裝起義，在內外反動勢力的聯合鎮壓下，起義遭到失敗。

　　西元一八四八年二月二十二日，在紀念這次起義兩週年的集會上，馬克

思發表了這篇著名的演講。這篇演講充分體現了馬克思思想犀利深刻，博學多才這一特徵。

演講辭

先生們：

歷史上常常有驚人的相似之處。西元一七九三年的雅各賓黨人成了今天的共產主義者。西元一七九三年俄羅斯、奧地利、普魯士瓜分波蘭的時候，這三個強國就以西元一七九一年的憲法為藉口，據說這個憲法具有雅各賓黨的原則因而遭到一致的反對。

西元一七九一年的波蘭憲法到底宣布了什麼呢？充其量也不過是君主立憲罷了，例如宣布立法權歸人民代表掌握，宣布出版自由、信仰自由、公開審判、廢除農奴制等等。所有這些當時竟被稱為徹頭徹尾的雅各賓原則！因之，先生們，你們看到了吧，歷史已經前進了。當年的雅各賓原則，在現在看來，即使說它是自由主義的話，也變成非常溫和的了。

三個強國的時代並駕齊驅。西元一八四六年，因為把克拉柯夫歸併給奧地利而剝奪了波蘭僅存的民族獨立，它們把過去曾稱為雅各賓原則的一切東西都說成是共產主義。克拉柯夫革命的共產主義到底是什麼呢？是不是由於這革命的目的是光復波蘭民族，因而就是共產主義的革命呢？要是這麼說，歐洲同盟為拯救民族而反對拿破崙的戰爭何嘗不可以說成共產主義的戰爭，而維也納會議又何嘗不可以說成是由加冕的共產主義者所組成的呢？也許由於克拉柯夫革命力圖建立民主政府，因而就是共產主義的革命吧？可是，誰也不會把共產主義意圖妄加到伯恩和紐約的百萬豪富身上去。

共產主義否認階級存在的必要性，它要消滅任何階級，消除任何階級的差別。而克拉柯夫革命家只希望消除階級間的政治差別，他們要給不同的階

級以同等的權利。到底在哪一點上說克拉柯夫的革命是共產主義的革命呢？

也許是由於這一革命要粉碎封建的鎖鏈，解放封建勞役的所有制，使它變成自由的所有制，現代的所有制吧？

要是對法國的私有主說：「你們可知道波蘭的民主主義者要求的什麼？波蘭民主主義者企圖採用你們目前的所有制形式。」那麼，法國的私有主會回答說：「你們做得很好。」但是要是和基佐先生一同再去向法國私有主說：「波蘭人要消滅的是你們西元一七八九年革命所建立的、而且如今依然在你們那裡存在的所有制。」他們定會叫喊起來：「原來他們是革命家，是共產主義者！必須鎮壓這些壞蛋！」在瑞典，廢除行會和同業公會，實行自由競爭現在都被稱為共產主義。《辯論日報》還更進一步，它說：「剝奪二十萬選民出賣選票的收益，這就意味著消滅收入的來源。消滅正當獲得的財產，這就意味著是一個共產主義者。」毋庸置疑，克拉柯夫革命也希望消滅一種所有制。但這究竟是怎麼樣的所有制呢？這就是在歐洲其他地方不可能消滅的東西，正如在瑞士不可能消滅分離派同盟一樣，因為兩者都已不再存在了。

誰也不會否認，在波蘭，政治問題是和社會問題聯繫著的。它們永遠是彼此不可分離的。

但是，最好你們還是去請教一卜反動派吧！難道在復辟時期，他們只和政治自由主義及作為自由主義的必然產物的伏爾泰主義這一沉重的壓力戰鬥嗎？一個非常有名的反動作家坦白承認，不論德‧梅斯特爾或是博納德的最高的形上學，最終都可以歸結為金錢問題，而任何金錢問題難道不就是社會問題嗎？復辟時期的活動家們並不諱言，如果回到美好的舊時代的政治，就應當恢復美好的舊的所有制，封建的所有制，道德的所有制。大家知道，不納什一稅，不服勞役，也就說不上對君主政體的忠誠。

讓我們再回顧一下更早的時期。在西元一七八九年，人權這一政治問題

本身就包含著自由競爭這一社會問題。

在英國又發生了什麼呢？從改革法案開始到廢除穀物法為止的一切問題上，各政黨不是為改變財產關係而鬥爭又是為什麼呢？他們不正是為所有制問題、社會問題而鬥爭嗎？

就在這裡，在比利時，自由主義和天主教的鬥爭不就是工業資本和大土地所有制的鬥爭嗎？

難道這些討論了十七年之久的政治問題，實質上不正是社會問題嗎？

因而不論你們抱什麼觀點（自由主義的觀點也好，激進主義的觀點也好，甚至貴族的觀點也好），你們怎麼能責難克拉柯夫革命把政治問題和社會問題聯繫在一起呢？領導克拉柯夫革命運動的人深信，只有民主的波蘭才能獲得獨立，而如果不消滅封建權利，如果沒有土地運動來把農奴變成自由的私有者，即現代的私有者，波蘭的民主是不可能實現的。要是你們使波蘭貴族去代替俄羅斯專制君主，那只不過是使專制主義改變一下國籍而已。德國人就是在對外的戰爭中也只是把一個拿破崙換成了三十六個梅特涅的。

即使俄羅斯的地主不再壓迫波蘭的地主，騎在波蘭農民脖子上的依舊是地主，誠然，這是自由的地主而不是被奴役的地主。這種政治上的變化絲毫也不會改變波蘭農民的社會地位。

克拉柯夫革命把民族問題和民主問題以及被壓迫階級的解放看作一回事，這就給整個歐洲作出了光輝的榜樣。

雖然這次革命暫時被僱傭凶手的血手所鎮壓，但是現在它在瑞士及義大利又以極大的聲勢風起雲湧。在愛爾蘭，證實了這一革命原則是正確的，那裡狹隘的民族主義政黨已經和奧康奈爾一起死亡，而新的民族政黨首先就要算是改革派和民主派的政黨了。

波蘭又重新表現了主動精神，但這已經不是封建的波蘭，而是民主的波

蘭，從此波蘭的解放將成為歐洲所有民主主義者的光榮事業。

裂開的房子

[美國] 林肯　西元一八五八年

名人小視窗

亞伯拉罕·林肯（Abraham Lincoln）（西元一八〇九年 —— 西元一八六五年），美國第十六任總統。生於肯塔基州一個貧窮的拓荒者的家庭。僅受過一年小學教育，完全靠勤奮的自學，於西元一八三六年成為律師。西元一八三四年 —— 西元一八四三年當選為伊利諾州議員。西元一八五六年由輝格黨轉入共和黨，西元一八六〇年當選總統。西元一八六二年到西元一八六三年他兩次發布簽署「解放奴隸宣言」，廢除奴隸制，解放黑人奴隸，並領導人民投入南北戰爭，挽救了聯邦，重新統一了美國。被譽為與華盛頓齊名的最偉大的總統。西元一八六五年四月十四日被支持奴隸制者暗殺。

西元一八五八年六月十六日，林肯作為伊利諾州共和黨選出的參議員競選人，在州眾議院大廳對代表發表了這篇題為「裂開的房子」的演說。這篇演說，像一聲霹雷，震撼了整個美國社會。「裂開的房子」的論斷，傳遍千家萬戶。

演講辭

主席先生和代表大會的先生們：

　　如果我們首先明白自己現在哪裡，將去何處，我們就能更好決定要做什麼和怎樣去做。自從就停止鼓吹奴隸制的方針公開提出目標，並作出明確許諾以來，已進入第五個年頭。這項方針實施後，那種鼓吹煽動不但未見收斂，反而越演越烈。據我看來，除非出現並經過一番轉折，這股趨勢不會消失。「一城一家自相紛爭，必站立不住。」我相信，這個政府不能永遠容忍半奴隸半自由的狀態。我不希望聯邦解體，我不希望這個家敗落，但我的確希望它結束不和狀態。美國要麼完全是一個樣子，要麼完全是另一個樣子。以奴隸制而言，要麼反對它的人制止它進一步發展，並按照人民的心願把它納入最終消滅的軌道；要麼擁護它的人把它推向前進，直至它在所有新的和老的、南方的和北方的各州都取得同樣合法的地位。我們難道沒有走向後一種情況的傾向嗎？如果有人對此懷疑，那就讓他認真考慮一下：現在幾乎全部司法機構，都可以說是體現著內布拉斯加原則 指《內布拉斯加法案》。該法案和以下提到的判例，都說明司法機構屈從於蓄奴派勢力，為美國內戰埋下了伏筆。和德雷德·斯科特判例的精神。讓他不僅考慮這套機構適合於做什麼工作，和適合到什麼程度，而且研究它建成的歷史，並且，如果他能做到，或者更確切說，他是不能做到的，但他若能做到，那就讓他追尋它的主要的建築師們從一開始所做的設計和所採取的一致行動的各種跡象吧！

在蓋茲堡的演說

[美國] 林肯　西元一八六三年

名人小視窗

　　這是林肯總統於西元一八六三年十一月十九日在蓋茲堡國家烈士公墓落成典禮上的演說。

演講辭

　　八十七年以前，我們的先輩們在這個大陸上創立了一個新國家，它孕育於自由之中，奉行一切人生來平等的原則。現在我們正從事一場偉大的內戰，以考驗這個國家，或者說以考驗任何一個孕育於自由和奉行上述原則的國家是否能夠長久存在下去。

　　我們在這場戰爭中的一個偉大戰場上集會。烈士們為使這個國家能夠生存下去而獻出了自己的生命，我們在此集會是為了把這個戰場的一部分奉獻給他們作為最後安息之所。

　　我們這樣做是完全應該而且非常恰當的。

　　但是，從更廣泛的意義上說，這塊土地我們不能夠奉獻，我們不能夠聖化，我們不能夠神化。曾在這裡戰鬥過的勇士們，活著的和去世的，已經把這塊土地神聖化了，這遠不是我們微薄的力量所能增減的。

　　全世界將很少注意到、也不會長期記起我們今天在這裡所說的話，但全世界永遠不會忘記勇士們在這裡所做過的事。毋寧說，倒是我們這些還活著的人，應該在這裡把自己奉獻於勇士們已經如此崇高向前推進但尚未完成的事業。倒是我們應該在這裡把自己奉獻於仍然留在我們面前的偉大任務，以便使我們從這些光榮的死者身上汲取更多的獻身精神，來完成那種他們已經完全徹底為之獻身的事業；以便使我們在這裡下定最大的決心，不讓這些死者白白犧牲；以便使國家在上帝庇佑下得到自由的新生，並且使這個民有、民治、民享的政府永世長存！

締造並保持公正永久和平

[美國] 林肯　西元一八六五年

名人小視窗

這是林肯西元一八六五年三月四日連任總統時的就職演講，也是一篇非常著名的政治演講。當時南部聯盟行將崩潰，內戰已近尾聲，林肯在演講中鮮明突出表明瞭取得最後勝利、徹底砸爛奴隸制的決心，闡述戰後的治國方針，以增強人民的信心和勇氣。

演講辭

同胞們：

在這第二次宣誓就任總統時，我不必像第一次那樣發表長篇演說。當時，對於將要執行的方針作出比較詳盡的說明似乎是恰當而適宜的。現在，四年任期已滿，對於這場仍然吸引著全國關注並占用了全國力量的重大鬥爭的每一重要關頭和每一個方面，這四年已不斷發布公告，因此我沒有什麼新情況可以奉告。我們軍隊的進展是其他一切的主要依靠，公眾和我一樣都清楚了解軍隊進展的情況，我深信，大家對之都是感到滿意和鼓舞的。我們雖對未來抱有極大的希望，卻不敢作出任何預測。

四年前我就任總統時，同胞們的思想都焦急集中在日益迫近的內戰上。

大家都害怕內戰，都想避免內戰。當我在這個地方發表就職演說，竭盡全力想不經過戰爭來拯救聯邦時，叛亂分子卻在這個城市裡圖謀不經過戰爭來毀滅聯邦 —— 企圖以談判方式解散聯邦並分割財產。雙方都表示反對戰爭，但一方寧願發動戰爭也不願讓國家生存，而另一方則寧可接受戰爭也不肯讓國家滅亡，於是戰爭就爆發了。

　　我國全部人口的八分之一是黑人奴隸，他們並不是遍布於聯邦各地，而是集中在聯邦南部。這些奴隸構成了一種特殊的、重大的利益。大家都知道，這種利益由於某種原因竟成了這次戰爭的根源。叛亂者的目的是加強、永保和擴大這種利益，為此，他們不惜用戰爭來分裂聯邦，而政府卻只是宣布有權限制享有這種利益的地區的擴大。雙方都沒有料到戰爭竟會達到如此規模，歷時如此長久。雙方也沒有預期衝突的根源會隨著衝突本身而消除，甚至會提前消除。各方都期望贏得輕鬆些，期望結局不至於那麼涉及根本，那麼驚人。雙方同讀一本《聖經》，向同一個上帝祈禱，而且都乞求上帝的幫助來與對方為敵。看來十分奇怪，居然有人敢要求公正的上帝幫助他們從別人臉上的汗水中榨取麵包，但是我們且勿評論別人，以免被人評論。雙方的禱告不可能都應驗。也沒有一方的禱告全部得到應驗。全能的上帝有他自己的意旨。「這世界有禍了，因為將人絆倒，絆倒人的事是免不了的，但那絆倒人的有禍了。」如果我們設想美國的奴隸制是按照天意必然來到的罪惡之一，並且在上帝規定的時間內繼續存在，而現在上帝要予以剷除，於是他就把這場可怕的戰爭作為犯罪者應受的災難降臨南北雙方，那麼，我們能看出其中有任何違背天意之處嗎？相信上帝永存的人總是把天意歸於上帝的。我們深情期望，虔誠禱告，這場巨大的戰爭災禍能夠很快過去，但是如果上帝要它繼續下去，直至奴隸們二百五十年來無償勞動所積聚的財富全部毀滅，或如人們在三千年前說過的，直至鞭子下流出的每一滴血都要用劍下流出的

每一滴血來償還，那麼今天我們還得說：「主的審判是完全正確和公正的。」

　　對任何人不懷惡意，對一切人心存寬厚，堅持正義，因為上帝使我們看到了正義，讓我們繼續努力完成正在從事的事業，包紮好國家的創傷，關心那些肩負戰爭重任的人，照顧他們的遺孀孤兒，去做能在我們自己中間和與一切國家之間締造並保持公正持久和平的一切事情。

一個普通美國人的偉大之處

[美國] 愛默生　西元一八六五年

名人小視窗

本篇是西元一八六五年五月愛默生為悼念林肯不幸遇難而發表的演講，演講中高度評價了林肯的一生，讚頌了他作為一個普通美國人的偉大之處，表達了對偉人死於非命的難言悲憤和無盡哀思。

演講辭

當噩耗越過海洋，越過陸地，從一個國家傳到另一個國家，我們相聚在災難的陰影中，像預料之外的日食遮蓋世界，它給整個文明世界的善良人心頭蒙上了陰影。儘管人類歷史如此漫長，悲劇如此多樣，我懷疑是否有任何人的逝世像這次一樣對人類造成如此巨大的悲痛，或在宣布消息時引起人類如此巨大的哀傷。與其說這是由於現代藝術將各民族十分緊密聯繫在一起，倒不如說是因為當今與美國的名字和制度相聯繫的神祕希望和恐懼。

在這個國家，上個星期六使所有的人都目瞪口呆。當他們對這一可怕打擊冥思時，最初只是在內心最深處有所意識。也許，到了目前這一時刻，當這裝有總統遺體的靈柩正在運回伊利諾家鄉，沿途各州正在舉行致哀活動，我們應該沉默，讓時間的怒吼折磨我們。然而，這最初的絕望是短暫的，我

47

們不能就這樣哀悼他。他曾是最活躍、最有希望獲得成功的人。他的事業並沒有毀掉。對他的工作的讚譽和喝采譜成了一曲凱歌，即使人們的傷心淚水也不能淹沒它。

總統在我們面前是人民中的一員。他是地道的美國人，從未漂洋過海，從未被英國的偏狹或法國的放蕩所侵蝕。就像橡樹上的橡果，他是一個溫和的、樸素的、土生土長的人，既不崇洋媚外，也不譁眾取寵。他生在肯塔基州，長在農場，曾是平底船員，在黑鷹戰爭時任船長，還當過鄉村律師和伊利諾農村地區立法機構的代表——他的博大聲譽就是建築在如此謙卑的基礎上。經過十分緩慢而愉快的準備階段，他進入了自己的位置！我們大家都記得——那只不過是五六年前的事——他首次在芝加哥被提名時國民所表現出的驚訝和失望。西沃德先生當時聲譽甚高，是東部各州的紅人。當林肯這個新的、比較陌生的名字被宣布時（儘管有對此喝采的報導），我們冷淡傷心聽取了結果。在這樣令人憂慮的時刻，僅憑一個人在某個地區的名望就賦予如此重大的責任，似乎操之過急，人們議論的話題自然是政治不可知論。然而結果並不是這樣。伊利諾和西部的人們對他讚不絕口，他們把這些看法與同事分享，使他們可以在各自家鄉的選區證明自己的正確觀點。這一切都不是操之過急，儘管他們還沒意識到這個人的全部價值。他是一個普通的人，卻有不尋常的運氣。培根勳爵說過：「展示美德使人獲得名望，隱藏自己的運氣。」

初次見面時，你看不出他身上有什麼使人目眩的品格；但別人優越卻並不能使他遜色。他的臉孔和風度能消除懷疑，提高自信和確保善意。他是一個沒有惡習的人。他責任感強，易於服從大局。他還是個農民稱之為精明的人，非常善於盤算，為自己的意見作辯解，並公正堅定說服對方。後來人們發現，他還是個偉大的工作者，而且具有驚人的工作才能，他工作起來輕鬆

自如。工作好手本來十分少見，因為每個人都有某種毛病。而這個人卻是從裡到外都十分樂觀，鍥而不捨，對工作再合適不過了，而且他本人也最熱愛工作。他性子非常好，具有忍讓精神和平易近人的作風；作為一個公正的人，他根據請求者的願望，和藹可親、而不是神經過敏的對待無數來訪者給他造成的折磨；而作為總統，他本來可以讓別人做這些事情。在戰爭引起的許多悲劇中，他的好性格化為一種高尚的人道主義。每個人都會記得，他在憐惜一個種族時是如何越來越親切小心處理問題的。可憐的黑人在一次令人難忘的場合是這樣談論他的：「林肯先生無處不在。」他的廣泛良好的幽默感是這個聰明人的另一財富。他可以輕鬆自然和別人進行詼諧的談話，他十分擅長這樣做，並從中得到樂趣。這使他可以不洩密，可以與社會各階層人物接觸，使即便是最嚴肅的決定也不那麼鋒芒畢露，以此掩蓋他自己的目的，試探他的同事並本能捕捉各種聽眾的情緒。而且，最重要的是，這種好性格對在令人憂慮和筋疲力盡的危機中奮鬥的人來說，是一種天然恢復劑，就像睡眠一樣有效，也是一支預防針，防止操勞過度的大腦趨於煩惱或瘋狂。他說過許多優秀格言，然而它們是以詼諧的方式表達的，最初絕不會獲得名聲，而只是被視為笑話，直至後來這些格言為成千上萬的人所傳誦，人們才發現它們是時代的名言。我相信，如果此人是在印刷業不那麼發達的時期執政，那麼他可以靠他的寓言和格言在幾年內就成為神話中的人物，像伊索、皮爾佩或七賢哲當中的一個。今後，他的信件、文件和演講中許多有分量、有深度的段落必定會贏得盛譽，而現在，恰恰是因為剛剛運用了這些想法，它們反而顯得默默無聞。多麼意味深長的定義，多麼完美的常識，多麼遠大的見識，而且在重大時刻，又表現出多麼高尚、淳樸的人情味！

　　他擔任總統是人類美德的勝利，是公眾信心的勝利。這個中產階級的國家終於有了一個中產階級的總統。這是指他的風度，他的同情心，而不是他

的權力。因為他的權力是至高無上的。他掌握每天發生的問題。隨著問題的發展，他對問題的理解也在加深。很少有人如此勝任。在驚恐與妒忌中間，在辯護人與當事人的一片喧鬧聲中，他以全部身心和誠實不懈工作，努力弄清人民的需要以及如何滿足他們的需要。如果確實有人受過公正的考驗，那麼他就是這個人。這樣對他評價可以說沒有任何誇張。

　　進行抵制、誹謗和嘲笑的也大有人在。在我們這個時代裡，已無國家機密可言：國家經歷了如此巨大的騷亂，必須給予十分的信任，不保留任何祕密。每道門都半開著，使我們可以看到裡面發生的事情。隨後我們遇到了戰爭的旋風，那是怎樣的一個時刻啊！這裡沒有政府官員，沒有只適合好天氣航行的水手；在旋風中，新的領航員被匆匆安排到舵前。在四年內，在四個戰爭的年代中，他的堅韌、足智多謀和寬宏大量經受了痛苦的考驗，而且從未發現過不夠格的現象。因此，透過他的勇氣、公正、良好秉性、足智多謀和人道精神，他成為歷史新紀元的一位英雄人物。他就是那一時代美國人民的真實歷史。他一步一步走在他們前面，和他們一起放慢腳步，一起加快步伐。他是這個大陸的真正代表，是十分熱心公益的人。作為國家之父，兩千萬人的脈搏在他心中跳動，他們的思想透過他的喉舌得到明確表達。亞當·史密說，在霍布雷肯的英國國王和知名人士的畫像中，斧頭被刻在那些曾受劈砍之苦的人下面，這給畫像增添了某種高貴的魅力。甚至在這場剛剛發生的悲劇中，誰又看不到暗殺的恐怖和毀壞是多麼迅速吞噬著受害者的光榮？比起在希望中生活，比起親眼看著自己的官能衰退，比起目睹（也許甚至是他）眾所周知的政治家的忘恩負義，比起看到小人得勢，這種命運要愉快得多。他難道沒有在生前遵守諾言嗎？這是迄今一個人對他的同胞作出的最偉大的諾言 —— 實際廢除奴隸制；他看到田納西、密蘇里和馬里蘭解放了他們的奴隸。他看到薩凡納、查爾斯頓和里士滿投降；看到叛軍的主力部隊放下

武器。他征服了加拿大、英國和法國的公眾輿論。在運氣方面，只有華盛頓可以與他相比。如果再把事情鋪開些，結果是他已經到達了終點。

　　這個歷史性的救助人不能再為我們服務了；叛亂已經到了該停止的地步；而下面所要做的工作需要獨立的新人來承擔 —— 一種在戰爭的廢墟上產生的新精神。同時，上帝為了向世人展示一個完美無缺的恩人，要讓他以死亡而不是生存來更好為他的國家服務。正如柔順和討好的國王不是好國王一樣，柔順和討好的民族也不是好民族。「國王的仁慈寓於正義和力量之中」。共和國的隨和性格是一個危險的弱點，因此有必要讓敵人施以暴行，迫使我們達到不尋常的堅定，以確保這一國家在以後得到拯救。

嬰兒

[美國] 馬克・吐溫　西元一八七九年

名人小視窗

馬克・吐溫（Mark Twain）（西元一八三五年 —— 一九一〇年），原名撒母耳・朗荷思・克萊門斯，美國文學史上優秀的現實主義作家，他的許多作品在世界各國廣泛流傳，為各國人民所喜愛，已成為世界文學寶庫中的一部分。

馬克・吐溫不僅是偉大的文學家，而且還是幽默大師和一位出色的演講家。他的演講，融進了他創作上的諷刺幽默風格，為廣大的聽眾所歡迎。這篇演講是馬克・吐溫於西元一八七九年十一月十三日在芝加哥田納西陸軍團宴會上發表的演講。

演講辭

主席、各位來賓：

「嬰兒」是我們每人都曾有的特點。我們不幸不能生為女人，我們也並非都是將軍、詩人或政治家，但是話題說到嬰兒時，我們便有了共同點 —— 因為我們都曾是嬰兒。這世界數千年來一直都不曾為嬰兒慶祝過。好像他不值什麼東西一樣，這實在是一大可恥之事。各位先生，請你們仔細想想，如果

你們退回到幾十年前，當你們剛結婚不久，你們有了第一個孩子，那你們就會記起嬰兒實在太多的東西了，甚至比其他任何事都更重要。

所有的軍人都知道，當這位小傢伙來到你的家中時，你就得呈遞「辭職書」，而他則完全掌管了全家，你變成了他的僕人、隨從，隨時要站在旁邊聽候命令。他不是那種按照時間、距離、天氣或者其他事情付給你薪水的指揮官，但你不管在任何情況下都得執行他的命令，而且在他的戰術手冊中，行軍的方式只有一種，就是跑步。他用各種最粗野無禮的態度對待你，但即使你們中間最勇敢的人也不敢說一句違抗的話。你可以面對死亡的風暴並予以還擊，但他用手緊抓你的鬍鬚，扯你的頭髮，擰你的鼻子時，你只得忍受。當戰爭之雷聲在你耳際響起時，你面對炮彈以穩健的步伐向前邁進，當他發出驚嚇的呼叫時，你卻轉身向他衝去。當他要吃能安慰他的糖果時，你敢不立即服務嗎？不！你會馬上去拿他需要的東西！如果要喝奶，你敢反抗嗎？不會的，你一定是立即把奶熱好，甚至還會吸一吸這熱好的、無味的奶水，看看溫度是否適當，成分是否弄對了——三匙水、一匙奶粉、一點糖。我現在還沒有嘗過這個東西呢！

你這樣下去倒是學會了不少事情。較富感情的人仍然相信一個美麗的古老傳說：嬰兒如果在睡覺時微笑，是因為天使在對他說話。這個傳說很美，但實在大不可信了。朋友們，如果你的嬰兒提議每天早晨兩點半做例行散步，你難道不是馬上爬起來，並強調那是你就要做的事嗎？啊！你是受過很好訓練的，而當你穿著「不整齊的制服」在房間裡來來回回不安走著時，你不只是學著嬰兒的語調說話，還會用含有母性的聲音唱著催眠曲，例如「寶寶睡」。對田納西陸軍團來講，這真是一件奇蹟！然而這對鄰居來講卻是件痛苦的事，因為在一公里之內的地區，並非人人都喜歡在凌晨三點鐘聽到軍樂。當你這樣持續了二三小時，而只要孩子認為運動和聲音都引不起他的興

趣時，很可能整個晚上都要這樣奮戰下去，直到筋疲力盡為止。

　　嬰兒比起你和整個家要能提供更多的東西，他是一種企業，充滿著無可壓抑的活動，做著他高興做的事，而且你不能限制他。一個嬰兒就夠你天天忙了，所以如果你還有理智的話，就不要祈求生雙胞胎。如果是三胞胎，那簡直是鬧翻天了。

　　如今世界上的三四百萬搖籃中，有些是我們國家將世世代代視為神聖之物而保存起來的，如果我們知道是第幾個的話。因為在這些搖籃裡，未來的棟梁此時正在長牙；未來聞名於世的太空人正望著銀河以一種無精打采的神情眨著眼睛；未來的歷史學家正躺在那裡，直到他的這一任務完成；另一個，未來的總統正忙著煩惱他的頭髮還沒有長齊之無聊問題。其他大約六萬個搖籃裡裝著未來的官吏，還有一個搖籃在旗子之下的某個地方，籃內躺著未來的有名的美國陸軍司令，因為此時負擔的責任和榮耀極少，於是把他整個富於策略的心都用來尋找能把他的大腳趾放入口中的方法。這一類的成就我們今晚的貴賓們在幾十年前也曾注意過（我決無不敬之意）。如果這個小孩能證明我們對他的預言的話，恐怕沒有人會懷疑他會成功找到那個方法的。

我也是義和團

[美國] 馬克・吐溫　一九〇一年

名人小視窗

馬克・吐溫這篇演講是一九〇一年十一月十三日在紐約勃克萊博物館召開的公共教育會議上發表的，歷來為人所稱道。它不僅反映了作者的膽識，表現了他的浩然正氣。

演講辭

我想，要我到這裡來講話，並不是因為把我看作一位教育專家。如果是那樣，就會顯得在你們方面缺少卓越的判斷，並已彷彿是要提醒我別忘了我自己的弱點。我坐在這裡思忖著，終於想到了我所以被邀請到這裡來，是有兩個原因。一個原因是讓我這個曾在海洋之上漂流的不幸的旅客懂得一點你們這個團體的性質與規模，讓我懂得，世界上除了我以外，還有別的一些人正在做有益於社會的事，從而對我有所啟迪。另一個原因是你們之所以邀請我，是為了透過對照來告訴我，教育如果得法，會有多大的成效。

尊敬的主席先生剛才說，曾在巴黎博覽會上獲得讚揚的有關學校的圖片已經送往俄國，俄國政府對此深表感謝 —— 這對我來說，倒是非常詫異的事。因為還只是一個鐘頭以前，我在報上讀到一段新聞，一開頭便說：「俄國

準備實行節約。」我倒是沒有料到會有這樣的事。我當即想，要是俄國實行了節約，能把眼下派到滿洲去的三萬軍隊召回國，讓他們在和平生活中安居樂業，那對俄國來說是多大的好事！

　　我把俄國電訊再看了一下，這樣，我對世界和平的夢想便消失了。電訊上說，保持軍隊所需的巨額費用使得節約非實行不可，因而政府決定，為了維持這個軍隊，便必須削減公立學校的經費。而我們則認為，國家的偉大來自公立學校。試看歷史怎樣在全世界範圍內重演，這是多麼奇怪。我記得，當我還是密西西比河上一個小孩子的時候，曾有同樣的事發生過。有一個鎮子也曾主張停辦公立學校，因為那太費錢了。有一位老農站出來說了話，說他們要是把學校停辦的話，他們不會省下什麼錢。因為每關閉一所學校，就得多修造一座牢獄。這如同把一條狗身上的尾巴用作飼料來餵養這條狗，牠肥不了。我看，支持學校要比支持監獄來得強。

　　你們這個協會的活動，和沙皇、和他的全體臣民比起來，顯得具有更高的智慧。這倒不是過獎的話，而是說的我的心裡話。

在馬克思墓前的講話

[德國] 恩格斯　西元一八八三年

名人小視窗

弗里德里希‧恩格斯（Friedrich Engels）（西元一八二〇年－　西元一八九五年），德國社會主義哲學家、活動家、馬克思主義的創始人之一，世界無產階級和勞動人民的偉大導師。

恩格斯出生於普魯士萊茵省巴門市一個紡織廠主的家庭，年輕時在詩歌創作上表現出一定才華，通二十四種語言。西元一八四四年八月在巴黎結識了馬克思並成為摯友。西元一八四五年與馬克思合作出版了《德意志意識形態》。西元一八四八年與馬克思共同起草發表了《共產黨宣言》。馬克思逝世（西元一八八三年）以後，以馬克思未完成的手稿和筆記為基礎寫成《資本論》第二卷（西元一八八五年）和第三卷（西元一八九四年）。《反杜林論》是恩格斯宣傳馬克思主義最有力的著作。

西元一八八三年三月十四日，偉大導師馬克思逝世，終年六十五歲。三月十七日馬克思生前的親密戰友、朋友、學生以及親屬來到倫敦郊區的海格特公墓，為他舉行了簡樸的葬禮，恩格斯在葬禮上發表了這篇著名的演講。

演講辭

三月十四日下午兩點四十五分，當代最偉大的思想家停止思想了。讓他一個人留在房裡總共不過兩分鐘，等我們再進去的時候，便發現他在安樂椅上安靜睡著了 —— 但已經是永遠睡著了。這個人的逝世，對於歐美戰鬥著的無產階級，對於歷史科學，都是不可估量的損失。這位巨人逝世以後所形成的空白，在不久將來就會使人感覺到。

正像達爾文發現物競天擇的發展規律一樣，馬克思發現了人類歷史的發展規律，即歷來為紛繁蕪雜的意識形態所掩蓋著的一個簡單事實：人們首先必須吃、喝、住、穿，然後才能從事政治、科學、藝術、宗教等等；所以，直接的物質生活資料的生產，一個民族或一個時代的一定的經濟發展階段，構成為基礎，人們的國家制度，法的觀點、藝術以至宗教觀念，就是從這個基礎上發展起來的，因而，也必須由這個基礎來解釋，而不是像過去那樣做得相反。

不僅如此。馬克思還發現了現代資本主義生產方式和它所產生的資產階級社會的特殊的運動規律。由於剩餘價值的發現，這裡就豁然開朗了，而先前無論資產階級經濟學家或者社會主義批評家所做的一切研究都只是在黑暗中摸索。

一生中能有這樣兩個發現，該是很夠了。甚至只要能做出一個這樣的發現，也已經是幸福的了。但是馬克思在他所研究的每一個領域（甚至在數學領域）都有獨到的發現，這樣的領域是很多的，而且其中任何一個領域他都不是膚淺研究的。

這位科學巨匠就是這樣。但是這在他身上遠不是主要的。在馬克思看來，科學是一種在歷史上起推動作用的革命力量。任何一門理論科學中的每一個新發現，即使它的實際應用甚至還無法預見，都使馬克思感到衷心喜

悅。但是當有了立即會對工業、對一般歷史發展產生革命影響的發現的時候，他的喜悅就完全不同了。例如：他曾經密切注意電學方面的種種發現的發展情況，不久以前，他還注意了馬賽爾‧德普勒的發現。

因為馬克思首先是一個革命家。以某種方式參加推翻資本主義社會及其所建立的國家制度的事業，參加賴有他才第一次意識到本身地位和要求，意識到本身解放條件的現代無產階級的解放事業，── 這實際上就是他畢生的使命。鬥爭是他得心應手的事情。而他進行鬥爭的熱烈、頑固和卓有成效，是很少見的。最早的《萊茵報》（西元一八四二年），巴黎的《前進報》（西元一八四四年），《德意志 ── 布魯塞爾報》（西元一八四七年），《新萊茵報》（西元一八四八年 ── 西元一八四九年），《紐約每日論壇報》（西元一八五二年 ── 西元一八六一年），以及許多富有戰鬥性的小冊子，在巴黎、布魯塞爾和倫敦各組織中的工作，最後是創立偉大的國際工人協會，作為這一切工作的完成 ── 老實說，協會的這位創始人即使別的什麼也沒有做，也可以拿這一成果引以自豪。

正因為這樣，所以馬克思是當代最遭嫉恨和最受誣衊的人。各國政府 ── 無論專制政府或共和政府 ── 都驅逐他；資產者 ── 無論保守派或極端民主派── 都紛紛爭先恐後誹謗他，詛咒他。他對這一切毫不在意，把它們當做蛛絲一樣輕輕抹去，只是在萬分必要時才給予答覆。現在他逝世了，在整個歐洲和美洲，從西伯利亞礦井到加利福尼亞，千百萬革命戰友無不對他表示尊敬、愛戴和悼念，而我敢大膽說：他可能有過許多敵人，但未必有一個私敵。

他的英名和事業將永垂不朽！

照耀世界的自由女神

[美國] 威廉·埃瓦茲　西元一八八五年

名人小視窗

威廉·埃瓦茲（William Maxwell Evarts）（西元一八一八年 —— 西元一九〇一年），美國共和黨人、律師，曾任司法部長，因參與彈劾第十七任總統安德魯·詹森一案而聞名。西元一八八五年六月十九日，運載自由女神像的法國伊澤爾號安抵紐約，六月二十四日，紐約商會設宴慶祝，埃瓦茲應邀發表了熱情洋溢的講話。本文為節錄。

演講辭

會長先生，各位先生們：

請允許我在一開始稍微談談大洋這邊的我們對取得這項巨大成就所分享的喜悅。這是一項輝煌的、圓滿的成就，現在全世界都為之歡呼。

這個偉大的設想指鑄造自由女神像的建議，由法國歷史學家拉布萊伊提出，著名設計師艾菲爾進行設計，巴托爾迪主持建造。表達了法國人民對美利堅的友誼，表達了他們對我們取得的勝利所感到的喜悅，表達了他們對自己不屈不撓的熱愛自由的精神所感到的喜悅 —— 法蘭西要自由，美利堅要自由，全世界要自由。當這個設想誕生後，他們以火一般的熱情解囊捐贈，猶

如為這個自由聖壇投放乳香和沒藥乳香和沒藥均為燃燒時散發芳香的樹脂。以使香火千年不滅，萬世飄香，並使人世間的空氣得到昇華。

　　藝術上的巧奪天工，加之法蘭西的愛國精神和法國人民的熱情 —— 約有十幾萬人、也許二十幾萬人捐款 —— 造就了這尊世界史上無與倫比、在設計的天才和膽識上前無古人的銅像。

　　這座紀念像是多麼偉大！多麼崇高！多麼美妙！它落成的時刻和它為此後所標誌的時代是多麼令人振奮！如果我國和法國都像我們希望的那樣，繼續擴展和增進這個光輝燦爛的文明世界，我們就可以確信；如果我們的後代在財富、力量和藝術上超過我們，並且像我們一樣熱愛自由，他們不會說這個勝利配不上我們所生活的時代；但是，如果邪惡勢力不幸玷汙了我們的文明和聲譽，而到此觀光定居的人們發現，我們的後代的力量衰落了，對自由的熱愛程度下降了，他們已成為貧困交加和沒落的民族，那麼，他們會如何看待一個已消逝和失落的時代所留下的紀念碑呢！他們只會認為，那是眾神的創造，而無人在那個時代生活過。

　　那麼對於這幾位法國先生，對於這位將軍和這位艦長，對他們善意的來訪，對他們的溫文爾雅，對他們在接受款待時表現出來的愉悅和誠摯，我們如何表示感謝呢！為什麼將軍閣下沒放一槍 —— 我要說這個勝利比他動用海軍力量所能取得的任何勝利都要輝煌 —— 來到紐約就捲起了風暴呢！至於德索納艦長，他做成了世界歷史上，至少是世界現代史上沒有哪個國家和統治者做成的事情；他把「照耀世界的自由女神」在甲板下關了三十天。

　　英國曾有人作此嘗試，但「照耀世界的自由女神」削去了國王的腦袋。繼而又有人嘗試，但她把斯圖亞特王朝永遠趕出了那個自由的海島。法國曾有人企圖鎮壓她，但她連根拔掉了古老的君主制，並擊潰了想鎮壓她的多種勢力。即使在實行了溫和、有限的君主制之後，法蘭西仍不願屈從，因為這

是對自由的壓制，於是經過兩次反覆，帝國政府統治下的「照耀世界的自由女神」又從甲板下破艙而出。

　　但是，德索納艦長不僅是勇敢平息「艦船上叛亂」的鎮壓者，而且是個偉大的、足智多謀的航海家。他沒有這樣說，但他制定了這項計畫，一項縝密周詳的計畫！他於六月十七日即邦克山紀念日西元一七七五年六月十七日，北美大陸軍在邦克山重創英國殖民軍。抵達這裡，從而避開了十八日即「滑鐵盧日」西元一八一五年六月十八日，拿破崙大敗於滑鐵盧。

　　先生們，這是一次壯舉，這是文明世界的偉大勝利。它確實包含著許多教誨和真理。毫無疑問，在現代史上，「照耀世界的自由女神」已從這裡點燃的火炬中找到了最傑出的例證；但我們永遠也說不清，我們的先輩從法國的「人類平等」哲學原理和熱情中汲取了多麼大的熱忱和勇氣，才得以在這裡建立起平等自由的制度。現在，我們兩國至少都已同樣立足於把自由和法制幸運結合起來 —— 自由受法制的管束，法制受自由的啟迪。這尊偉大的銅像建築包含著無窮無盡的內容，她是一種象徵，一種榜樣，一種準繩，但這種象徵、榜樣和準繩是三位一體的產物：包括自由的精神和熱情。那尊優雅的銅像，及她屹立於其上的、我們自己的、龐大結實的花崗岩底座。

　　自由只能由堅實合理的制度來支持，並像建立在磐石上那樣建立在法制基礎上。假如自由蕩然無存，那麼起支撐作用的堅實合理的結構只能變成一堆醜陋不堪的東西，因而不再值得尊敬，而必須加以粉碎，直到能夠更好重新建設成自由的安身之地。

成功之路

[美國] 安德魯·卡內基　西元一八八五年

名人小視窗

安德魯·卡內基（Andrew Carnegie）（西元一八三五年 —— 一九一九年），鋼鐵大王。幼時家貧，靠個人奮鬥發跡，是「美國夢」的典型。晚年捐鉅資興辦圖書館事業。

安德魯·卡內基，西元一八三五年十一月二十五日出生於蘇格蘭鄧弗姆林，西元一八四八年隨全家遷至美國賓夕法尼亞州阿爾勒格尼。他十三歲起開始打拼，進過紡織廠，當過郵差，受教育不多，自學成才，並靠個人奮鬥興辦鐵路，開採石油，建造鋼鐵廠，終於成為億萬富翁。晚年他熱心於慈善事業，著有《財富的福音》等書。一九一一年，卡內基夫婦決定以僅餘的一億五千萬美元設立「卡內基公司」，由公司人員代理他們的損獻工作。去世前，卡內基的捐獻總額已高達三億三千多萬美元。在他身後，「卡內基公司」及各項卡內基基金仍在實施他的捐獻計畫。迄今為止，他為世界捐獻的數額已經遠遠超過當初的數字。一九一九年八月十一日，安德魯·卡內基因肺病去世，享年八十四歲。

本篇是西元一八八五年六月二十三日他對柯里商業學院畢業生的講話節錄。

演講辭

　　年輕人應該從頭學起，擔當最基層職務，這是件好事。匹茲堡有許多大企業家在創業之初都肩負過重任。他們與掃帚結伴，以清掃辦公室度過了企業生涯的最初時光。我注意到現在的辦公室都配備了工友，這使我們的年輕人不幸丟掉了這個有益的企業教育的一個內容。不過，如果哪一天早晨清掃工碰巧沒來，某具有未來合夥人氣質的青年就會毫不猶豫試著拿起掃帚。有一天，一位溺愛孩子的、時髦的密西根母親問一位男青年，是否見過像她的女兒普里茜拉那樣的年輕女郎如此瀟灑在房間裡進行打掃。男青年說從未見過，那位母親高興得樂不可支。但男青年頓了頓又說：「我想看到的是她能在室外進行打掃。」如果有必要，新來者在辦公室外進行打掃並沒有損失。我本人就曾是打掃人之一。

　　假如你們都得到了聘用，而且都有了良好開端，我對你們的忠告是「要胸懷大志」。對那些尚未把自己看成是某重要公司的合夥人或領導人的年輕人，我會不屑一顧。你們在思想上一刻也不要滿足於充當任何企業的首席職員、領班或總經理，不管這家企業的規模有多大。你們要對自己說：「我的位置在最高處。」你們要夢寐以求登峰造極。

　　獲得成功的首要條件和最大祕密是：把精力和資力完全集中於所做的事業上。一旦開始做哪一行，就要決心做出個名堂，甚至出類拔萃，要點點滴滴改進，要採用最好的機器，要盡力通曉這行的專業。

　　失敗的企業是那些分散了資力，因而意味著分散了精力的企業。它們向這件事投資，又向那件事投資，在這裡投資，又在那裡投資，各方各面都有投資。「別把所有的雞蛋放進一個籃子」之說喻「不要孤注一擲」或「別把希望集中於一件事」。大錯特錯。我告訴你們，「要把所有的雞蛋放進一個籃子，然後照顧好那個籃子。」注視周圍並留點神，能這樣做的人往往不會失

敗。管好並提好那個籃子很容易。在我們這個國家，想多提籃子的人打碎的雞蛋也多。有三個籃子的人就得把一個籃子頂在頭上，這樣很容易摔倒。美國企業家的一個錯誤就是缺少集中。

　　我把所說的話歸納如下：要志在頂峰，千萬不要涉足酒吧，不要沾酒，即使僅在用餐時喝點酒；千萬不要投機，簽署支付的款項時，千萬不要超過盈餘的現金儲備；集中精力，把所有雞蛋放進一個籃子並照顧好那個籃子；支出永遠小於收入；最後，不要失去耐心，因為正如愛默生所說，「除你自己以外，沒有人能哄騙你離開最後的成功」。

對生命的熱愛

[荷蘭] 梵谷　西元一八八八年

名人小視窗

　　梵谷（Van Gogh）（西元一八五三年 —— 西元一八九〇年），是繼 林布蘭之後荷蘭最偉大的畫家，荷蘭人民引以自豪的美術大師，在世界藝術史上占有重要地位。梵谷對藝術追求執著，一生中創作了大量傳世傑作。不論是靜物《向日葵》，人物肖像《農民》、《郵差羅琳》，室內畫《夜間咖啡店》，還是風景畫《洛克羅田野》、《阿爾的小屋》，都充滿對生命的愛，訴諸了他內心強烈的感情。他把油畫中色彩和線的表現力提高到一個新的境界。但生前梵谷的繪畫始終沒有得到世人承認。

　　梵谷一生孤獨寂寞，生活清貧，性情孤僻，像苦行僧一般，與其他人交往甚少。「是的，偉人的歷史，依我看就是悲慘。」梵谷在給對他一生幫助很大的弟弟提奧的信中悲傷寫道：「他們不單在生活中遭到種種磨難，而且通常在他們的作品得到世人公認時已經不在人世了。」

　　這裡所選的是他同被稱為「法國繪畫中象徵主義首領」的高更關於對生命感悟的談話。

演講辭

「當我畫太陽時，我希望使人們感覺到它是在以一種驚人的速度旋轉著，正在發出威力巨大的光和熱的浪。當我畫一塊麥田時，我希望人們感覺到麥粒內部的原子正朝著它們最後的成熟和綻放而努力。當我畫一棵蘋果樹時，我希望人們能感覺到蘋果裡面的果汁正把蘋果皮撐開，果核中的種子正在為結出自己的果實而努力！」

「在這裡，促使莊稼向上長的田地，在深谷中奔流的水，葡萄的汁液和彷彿從一個男人身上流過的他的一生，這一切都是一回事，是同一種東西。生活中唯一的一致就在於節奏的一致。我們大家，人、蘋果、深谷、耕地、莊稼地裡的小車、房子、馬和太陽，全都隨著這個節奏跳舞。造就你高更的東西，明天將從葡萄裡榨出來，因為你和一顆葡萄是一回事。當我畫一個在田裡工作的農民時，我希望人們感覺到農民就像莊稼那樣正向下融入到土壤裡面，而土壤也向上融入到農民身上。我希望人們感覺到太陽正注入到農民、土地、莊稼、犁和馬的內部，恰如他們反過來又注入到太陽裡面一樣。當你開始感覺到世間萬物運動的這一普遍的節奏時，你才算開始懂得了生活。只有這，才是主宰一切的上帝。」

莫泊桑葬禮上的演說

[法國] 左拉　西元一八九三年

名人小視窗

艾米爾·左拉（Emile Zola）（西元一八四〇年 ── 一九〇二年）法國自然主義文學奠基人。西元一八七七年因《小酒店》的問世而成名，以後共寫出了十三部小說，著名的如《娜娜》等。左拉篤信科學，是科學決定論者，認為自然主義是法國生活中固有的因素。本文是西元一八九三年七月六日左拉在莫泊桑葬禮上發表的演說。

莫泊桑（西元一八五〇年 ── 西元一八九三年）法國著名小說家。出身於沒落貴族家庭。參加過昔法戰爭。西元一八八〇年發表了第一篇短篇小說《脂肪球》，從而登上法國文壇。文學成就以短篇小說最為突出，被譽為「世界短篇小說的巨匠」。

演講辭

請允許我以法蘭西文學的名義講話，作為戰友、兄長、朋友，而不是作為同行向吉·德·莫泊桑致以最崇高的敬意。

我是在居斯塔夫·福樓拜家中認識莫泊桑的，他那時已在十八歲到二十歲之間。此刻他又重現在我的眼前，血氣方剛，眼睛明亮而含笑，沉默不

語，在老師面前像兒子對待父親一樣謙恭。他往往整整一個下午洗耳恭聽我們的談話，老半天才斗膽插上片言隻語。因這個表情開朗、坦率的棒小夥子煥發出歡快的朝氣，我們大家都喜歡他，他給我們帶來健康的氣息。他喜愛劇烈運動，那時流傳著關於他如何強悍的種種佳話。我們卻不曾想到他有朝一日會有才氣。

《脂肪球》是傑作，這滿含柔情、譏嘲和勇氣和完美無缺的作品，爆響了。他下車伊始就拿出一部具有決定意義的作品，使自己躋身於大師的行列。我們為此感到莫大的愉快，因為他成了我們所有看著他長大而未料想到他的天才的人的兄弟。而從這一天起，他就不斷有作品問世，他高產、穩產，顯示出爐火純青的功力，令我驚歎。短篇小說、中篇小說源源而出，無限豐富多彩，無不精湛絕妙，令人歎為觀止；每一篇都是一出小小的喜劇，一出小小的完整的戲劇，打開一扇令人頓覺醒豁的生活的視窗。讀他的作品的時候，可以是笑或是哭，但永遠是發人深思的。

啊！明晰，多麼清澈的美的源泉，我願看到每一代人都在這清泉中開懷暢飲！我愛莫泊桑，因為他真正具有我們拉丁的血統，他屬於正派的文學偉人的家族。誠然，絕不應該限制藝術的天地，應該承認複雜派、玄妙派和晦澀派存在的權利，但在我看來，這一切不過是墮落，如果您願意的話，也可以說是一時的離經叛道，總還是必須回到純樸派和明晰派中來的，正如人們終歸還是吃那營養他而又永不會使他厭膩的日常必吃的麵包。

莫泊桑在十五年中發表了將近二十卷作品，如果他活著，毫無疑問，他還可以把這個數字擴大三倍，他一個人的作品就可以擺滿一個書架。可是讓我說什麼呢？面對我們時代卷帙浩繁的產品，我有時真有點憂慮不安。誠然，這些都是長期認真寫作的結果……不過，對於榮譽來說這也是十分沉重的包袱，人們的記憶是不喜歡承受這樣的重荷的。那些規模龐大的系列作

品，能夠留傳後世的從來都不過是寥寥幾頁。誰敢說獲得不朽的不更可能是一篇三百行的小說，是未來世紀的小學生們當作無懈可擊的完美的典範口耳相傳的寓言或者故事呢？

先生們，這就是莫泊桑光榮之所在，而且是更牢靠、最堅實的光榮。那麼，既然他以昂貴的代價換來了香甜的安息，就讓他懷著對自己留下的作品永遠富有征服人心的活力這一信念，香甜的安息吧。他的作品將永生，並將使他獲得永生。

勤奮生活論

[美國] 狄奧多‧羅斯福　西元一八九九年

名人小視窗

狄奧多‧羅斯福（Theodore Roosevelt）或稱老羅斯福，（西元一八五八年——一九一九年），美國第二十六任總統（一九〇一年——一九〇九年），作家、探險者和軍事家。西元一八五八年生於紐約，西元一八八〇年畢業於哈佛大學。

本篇是西元一八九九年四月十日他在芝加哥的演講。

演講辭

我不打算宣講安逸論，我要宣講勤奮生活論，也就是操勞、勤勉、努力和奮鬥的一生。我要說，安逸平淡者的一生算不上圓滿，只有不畏艱險勞苦終獲輝煌勝利的人的一生才算得上成功。

貪圖安逸的一生，由於不想或不能成就大事業而平淡無奇的一生，對個人、對民族來說都同樣不值。

一生苟且怕事的人我們不佩服。我們佩服的是經奮鬥而成功的人，從來不會對不起鄰居、及時向朋友伸援手的人，尤其佩服有陽剛之氣經得起實際生活鍛鍊的人。失敗的滋味固然不好受，從來不願做成功的嘗試卻更糟。生

活當中不努力就不會有成就。現在無須努力只表示過去已經累積了努力成果。人只有在自己或祖輩努力有成的情況下才有不工作的自由。如這樣得來的自由運用得當，他還在做事，只是做不同的事，是作家或是將軍，是從政或尋幽探險，都說明他對得起命運對他的厚愛。但如果他反以為這段無需工作期不是準備期而正好偷閒，那麼他無非也就是這世上的寄生蟲，有朝一日又得自食其力時肯定不如人。安安逸逸的一生說到底算不上充實，對很想在世上有一番嚴肅作為的人來說尤其不合適。

　　個人如是，民族亦然。要說沒有歷史的民族最輕鬆愉快可就大錯特錯了。最快活的乃是有光輝燦爛歷史的民族。敢於大膽嘗試奪得光輝勝利，即使經歷過挫敗，也遠比與在勝敗之間的灰色領域渾渾噩噩過了一輩子既未曾驚喜亦不知苦難的人為伍要強。如若西元一八六一年熱愛聯邦者以為和平乃上上選、紛戰乃下下策，並秉此而行，我們果然能少死千萬人，少花千萬元。尤有甚者，非但能省卻當時流的血、花的錢，讓多少婦女免於喪子喪夫之痛、家破人亡之苦，還可以擺脫我們在軍隊連連敗退時全國上下被暗淡所籠罩的漫長蒙羞歲月。只要當時對鏖戰望而卻步就可以迴避這場苦難。其實，要真是迴避了，我們倒成了弱者，沒有資格並列世界大國之林。感謝上帝讓我們的祖輩有鐵血意志，他們堅持林肯的智慧，在格蘭特的軍隊中持劍荷槍而戰！我們這些當年的志士豪傑之後，促使南北戰爭勝利結束的英雄的後代，讓我們讚美我們先祖的上帝，因為他們拒不同意苟且求全的論調，而勇敢在痛苦損失、悲痛絕望的情況下卓絕苦戰多年；最後奴隸終得解放，聯邦得以恢復，強大的美利堅共和國再次可以在國際上昂首挺胸……

　　凡畏縮、怠惰、不相信自己國家的人，謹小慎微喪失了鬥志、挺不起腰桿子的人，無知混沌、無法像剛毅有為的人那樣被振奮的人，凡是這樣的人每見到國家有新的責任當前自然要望而卻步；不願見到我們有足以應付需要

的陸、海軍；見到我們的士兵、水手在偉大美麗的熱帶島嶼上奮勇的攆走西班牙人、承擔起應有的世界責任、化混亂為秩序時也要望而卻步。這些人就是怕磨練，就是怕生活在一個有國格的國家之中；他們要的是讓國無理想人無大志的安逸生涯；要不他們就是一味貪得圖利之輩，以為國家的一切應以商業利益為依靠，卻未能意識到商業利益誠然是不可或缺的考慮因素，但只不過是使一個國家真正偉大的許多因素之一。一個國家要想持久，它就必須有深厚的靠勤儉、經商、發展企業、刻苦經營工業而建立起來的物資財富；但還從來沒有單靠物質財富就可以真正算得上偉大的國家。

所以同胞們，我要講的是為了國家我們不能好逸惡勞。即將到來的二十世紀許多國家命運未卜。如果我們僅只袖手旁觀，只貪圖享樂安逸，只求太平無事，如果我們每逢身心考驗便望風而逃，那麼比較勇敢堅強的人就會趕超我們，得以稱霸世界。因此讓我們勇敢面對生活中的考驗，堅定負責的做好該做的事；堅持正義，言行一致；決心誠實勇敢為崇高理想服務，並採納切合實際的辦法。最重要的是，不能在國內外有難、對我們身心有所求時裹足不前，當然首先我們得確定危難值得一戰；因為只有透過危難、透過艱苦卓絕的努力才能讓我們至終成為真正偉大的國家。

告國民書

[英國] 大衛‧勞合‧喬治　一九一四年

名人小視窗

大衛‧勞合‧喬治（David Lloyd George）（西元一八六三年 ——
一九四五年），英國首相（一九一六年 —— 一九二二年），以雄辯著稱。本文
是他於第一次世界大戰爆發後一九一四年九月十九日在皇后廳所做的著名演
說的一部分。

演講辭

我在自己的整個政治生涯中對參加一場大戰的前景從來是堅決反對和深
惡痛絕的，在座諸位中沒有人會超過我。在座或不在座的人當中也沒有人比
我更相信：我們不可能避免了戰爭而不損害國家榮譽。我充分注意到了這樣
的事實：每個曾經參加過戰爭的國家總要乞靈於榮譽這個神聖的名義。許多
罪行是以榮譽的名義犯下的，眼下就有人在犯罪。但是國家的榮譽畢竟是一
種實際存在，任何無視這種存在的國家都註定要衰運。為什麼我們這個光榮
的國家捲入了這場戰爭呢？首先是因為我們承擔著光榮的義務：保衛一個始
終與世無爭的弱小鄰國的獨立、自由和領土完整。這個國家不可能強迫我們
履行義務，她很弱小；但是如果有人因為債權人太懦弱，無力強制他還債而

拒絕清償債務，那他就是一個惡棍。我們簽訂過一個條約 —— 一個莊嚴的條約 —— 兩個條約 —— 以保衛比利時及其領土完整。西元一八三〇年比利時脫離荷蘭獨立，次年，英、法、俄、奧、普等國在倫敦簽訂條約，承認比利時獨立並成立比利時王國。西元一八三九年比利時與荷蘭簽訂條約，被承認為獨立國家，並由英、法、普、俄等國保證其永久中立地位。我們是在檔上簽了字的。在檔上簽字的不止我們一個國家，我們不是承諾保衛比利時領土完整的唯一國家。俄國、法國、奧地利、普魯士 —— 它們都簽了字。為什麼奧地利和普魯士不履行他們所承擔的義務？有人提出，我們引用這個條約純粹是我方的一種藉口 —— 是我們用以掩蓋我們對一種優越文明的妒嫉的卑劣手腕和詭計 —— 我們企圖摧毀這個文明。

　　撕毀這個條約對普魯士有利，於是她就撕毀了條約。她以對一切正義原則肆無忌憚的輕蔑態度公開宣布這一點。她說「條約只有在遵守它們對你有利時才對你有約束力」，德國首相說，「條約是什麼？一張廢紙。」你們身邊帶著五鎊的紙幣嗎？我不是要這五鎊錢。你們有那種小巧勻稱的一鎊國庫券嗎？如果有的話，就燒掉它吧，那不過是幾張廢紙。它們是用什麼東西造的呢？破布。它們有什麼價值呢？它們的價值是不列顛帝國的全部信譽。廢紙！上個月我一直在和廢紙打交道。人們突然發覺世界貿易停止了。機器停轉了。為什麼？我來告訴你們。我們發現 —— 我們許多人是第一次發現，因為我自認為自己今天在貿易機制方面比六個星期之前懂得的要多，其他許多人和我一樣 —— 我們發現貿易機制是靠匯票來運轉的。我看到過一些匯票 —— 髒兮兮、皺巴巴、票面上亂塗亂畫、墨跡斑斑、散發著黴味。可就是那些髒兮兮的小小廢紙開動了滿載著幾千噸珍貴貨物的巨輪從世界的這一頭駛向另一頭。什麼是這些廢紙背後的動力呢？是商人的信用。條約是國際政治家的貨幣。平心而論，德國商人和世界上的任何商人一樣，以誠實正直

而聞名 —— 但是如果德國貿易的貨幣貶值到德國政治家的貨幣的水準，那麼從到瓦爾帕萊索智利港口城市。就不會有一個商人對德國商人的簽字再瞧上一眼。這個廢紙論，伯恩哈迪弗裡德里希·馮·伯恩哈迪（西元一八四九年 —— 一九三〇年），德國將軍。所宣揚的這個廢紙論 —— 條約只有在對一個國家有利時才對它有約束力 —— 涉及到了一切公法的根本。這種理論直通野蠻之路。這種理論就是你必須去挪動磁極，因為它擋了一艘德國巡洋艦的路。如果這種理論就這樣得逞的話，那麼所有海上的航行就會變得危險、困難，甚至不可能；而整個文明機制就會崩潰。我們正在同野蠻作鬥爭，我們有一個撥亂反正的辦法。如果有些國家說他們只有在守約對他們有利時才守約，那麼我們就不得不迫使他們只有守約才對他們今後有利。

他們是如何辯解的？請看我們的大使與德國高級官員的會見。當大使要求他們注意他們也是這個條約的締約方時，他們說，「我們對此無能為力。行動迅速是大日耳曼的財富」。其實，對一個國家來說，有一種比行動迅速更寶貴的財富，那就是以誠待人。德國的藉口是什麼呢？她說比利時正在陰謀反對她，比利時和英法在策劃一個進攻德國的大陰謀。不僅這件事本身是不真實的，而且德國知道這是不真實的。法國提供比利時五個軍，以保衛比利時不受侵犯。比利時說，「我不需要軍隊，我得到了皇帝指德國皇帝，下同。下句凱撒意即皇帝。的保證。難道凱撒還會撒謊嗎？」所有這些關於陰謀的謊言都是事後捏造出來的。一個大國本該對這種像一個破了產的騙子那樣用發假誓來擺脫其義務的行徑感到羞恥。她所說的都是不真實的。她蓄意撕毀了這個條約，而我們在道義上必須遵守這個條約。

比利時遭到了蠻橫的對待。蠻橫到什麼程度我們還不清楚，其實我們已經知道得太多了。比利時做了什麼呢？她給德國發了最後通牒嗎？她向德國挑戰了嗎？她在準備向德國開戰嗎？她使德國遭受了必須要皇帝來糾正的冤

屈嗎？比利時是歐洲最安分守己的小國之一。比利時 —— 她的人民溫順、勤勞、節儉，工作努力 —— 沒有冒犯任何人。而她的麥田遭踐踏，她的村莊被燒毀，她的藝術珍品被毀壞，她的男人們遭屠殺 —— 甚至婦女和兒童也未能倖免。她成千上萬的人民在自己的國土上流離失所，他們那整潔舒適的小家已化為灰燼。他們犯了什麼罪？他們的罪行就是聽信了普魯士國王的諾言。

你們讀過皇帝的演說集嗎？如果你們沒有這本演說集，我建議你們去買一本；它們將很快絕版，這種演說不可多得。它們充滿了德國軍國主義的氣焰和咆哮 ——「鐵甲拳頭」，「鋥亮的盔甲」。可憐的老鐵甲拳！它的指關節有點發腫。可憐的鋥亮的盔甲！它正在失去光澤。演說集篇篇都是這種耀武揚威，自吹自擂。

條約？條約纏住了德國前進的腳步。用劍斬斷它們。小國？小國阻礙了德國的前進。用德國的腳跟把她們踩入泥淖！俄國斯拉夫人？他們向德國在歐洲的霸權挑戰。把你的大軍開過去殺光他們！基督教徒？他們那種對於為別人犧牲的令人作嘔的多愁善感！他們對德國的消化力來說不過是乏味的半流質食品！我們要有一種新的飲食。我們要把它強加給全世界。它將在德國製造出來 —— 鐵血飲食。還剩下什麼？條約完了。國家的榮譽完了。自由完了。還留下什麼？德國！只有德國留下了！ ——「德國高於一切！」

他們以為我們不能打敗他們。打敗他們不會是件易事。這將是件耗時費力的事；這將是一場可怕的戰爭；但是最終我們將克服恐怖走向勝利。我們需要我們的所有品質 —— 不列顛及其人民所擁有的每一種品質：謀劃審慎、行動果敢、意志頑強、敗不餒、勝不驕，無論何事都恪守諾言。

探索的動機

[德國] 愛因斯坦　一九一八年

名人小視窗

　　阿爾伯特・愛因斯坦（Albert Einstein）（西元一八七九年——
一九五五年），傑出的理論物理學家，現代物理學的創始人之一。出生於德國
烏爾姆。西元一八九三年移居瑞士。西元一八九六年考進蘇黎世聯邦理工學
院。一九〇〇年至一九〇二年擔任私人家庭教師。一九〇二年至一九〇八年
在伯恩瑞士專利局任專利審查員。一九〇九年以後，擔任蘇黎世大學教授、
布拉格德國大學教授、蘇黎世聯邦理工學院教授、柏林大學教授和威廉皇帝
物理研究所所長。法西斯政權建立後，愛因斯坦受到迫害，被迫離開德國。
一九三三年移居美國，在普林斯頓高級研究院工作，直至去世。

　　愛因斯坦創立了狹義相對論和廣義相對論，從根本上改變了關於空間、
時間和物質的概念。列寧曾說，愛因斯坦是「自然科學的偉大改革家」之一。
一九〇五年，在《論動體的電動力學》中提出狹義相對論的原理，闡明了新
的運動定律。他建立的相對論揭示了空間與時間的辯證關係，是科學上的一
項重大發現。與此同時，他還是一位出色的社會活動家和著名演講家，曾作
過許多精彩的演講。

　　一九一八年四月在柏林物理學會舉辦的普朗克六十歲生日慶祝會上，愛

因斯坦發表了這篇演講，他高度評價了普朗克對科學充滿熱情和為此而獻身的崇高精神。

演講辭

在科學的廟堂裡有許多房舍，住在裡面的人真是各式各樣，而引導他們到那裡去的動機實在也各不相同。有許多人所以愛好科學，是因為科學給他們以超乎常人的智力上的快感，科學是他們自己的特殊娛樂，他們在這種娛樂中尋求生動活潑的經驗和雄心壯志的滿足；在這座廟堂裡，另外還有許多人所以把他們的腦力產物奉獻在祭壇上，為的是純粹功利的目的。如果上帝有位天使跑來把所有屬於這兩類的人都趕出廟堂，那麼聚集在那裡的人就會大大減少，但是，仍然還有一些人留在裡面，其中有古人，也有今人。我們的普朗克就是其中之一，這也就是我們所以愛戴他的原因。

我很明白，我們剛才在想像中隨便驅逐了許多卓越的人物，他們對建設科學廟堂有過很大的也許是主要的貢獻；在許多情況下我們的天使也會覺得難於作出決定。但有一點我可以肯定：如果廟堂裡只有我們剛才驅逐了的那兩類人，那麼這座廟堂就絕不會存在，正如只有蔓草就不成其為森林一樣。因為，對於這些人來說，只要有機會，人類活動的任何領域他們都會大幹一場；他們究竟成為工程師？官吏？商人？還是科學家？完全取決於環境。現在讓我們再來看看那些為天使所寵愛的人吧。他們大多數是相當怪癖、沉默寡言和孤獨的人，儘管有這些共同特點，實際上他們彼此之間很不一樣，不像被趕走的那許多人那樣彼此相似。究竟是什麼把他們引到這座廟堂裡來的呢？這是一個難題，不能籠統的用一句話來回答。首先我同意叔本華所說的，把人們引向藝術和科學的最強烈的動機之一，是要逃避日常生活中令人厭惡的粗俗和使人絕望的沉悶，是要擺脫人們自己反覆無常的欲望的桎梏。

一個修養有素的人總是渴望逃避個人生活而進入客觀知覺和思維的世界，這種願望好比城市裡的人渴望逃避喧囂擁擠的環境，而到高山上去享受幽靜的生活，在那裡，透過清寂而純潔的空氣，可以自由的眺望，陶醉於那似乎是為永恆而設計的寧靜景色。

　　渴望看到這種先定的和諧，是無窮的毅力和耐心的源泉。我們看到，普朗克就是因此而專心致志於這門科學中的最普遍的問題，而不使自己分心於比較愉快的和容易達到的目標上去。我常常聽到同事們試圖把他的這種態度歸結於非凡的意志力和修養，但我認為這是錯誤的。促使人們去做這種工作的精神狀態是同信仰宗教的人或談戀愛的人的精神狀態相類似的；他們每天的努力並非來自深思熟慮的意向或計畫，而是直接來自熱情。我們敬愛的普朗克就坐在這裡，內心在笑我像孩子一樣提著第歐根尼的燈籠鬧著玩。我們對他的愛戴不需要作老生常談的說明。祝願他對科學的熱愛繼續照亮他未來的道路，並引導他去解決今天物理學的最重要的問題，這問題是他自己提出來的，並且為了解決這問題他已經做了很多工作。祝他成功把量子論同電動力學和力學統一於一個單一的邏輯體系裡。

我的世界觀

[德國] 愛因斯坦　一九二一年

名人小視窗

愛因斯坦中學時迷戀數學，十二歲時便驗證出了畢達哥拉斯定理，十六歲時寫出了第一篇論文《關於磁場中的乙太的研究現狀》。一九三三年加入美國國籍，在普林斯頓高等研究院從事理論物理研究工作。愛因斯坦在物理學的許多領域中都有重大貢獻。在二十世紀初的一些新發現的推動下，建立了相對論。一九〇五年在萊比錫的《物理學紀事》上，發表了《論物體的電動力學》的論文，揭示了狹義相對論的基本原理。一九一六年又發表了《廣義相對論原理》的總結性論著。他發展了普朗克的量子論，提出了關於光的量子概念，他還研究了布朗運動，用有力的論據證明了分子的存在。一九二一年由於他在理論方面的成就，特別是對「光電效應定律」的發現，而獲得諾貝爾物理學獎金。

演講辭

我們這些凡人的命運有多麼奇妙！我們每個人都只在這個世界上作短暫停留：為何目的，卻不知道，雖然自以為對此有所感知。不過，不必深思，我們從日常生活中就可以明白：一個人是為他人而活著的——首先是為了這

樣一些人，他們的喜悅和健康就是我們的幸福；其次是為了許多我們不認識的人，他們的命運透過同情的紐帶與我們緊緊連在一起。我每天都時刻提醒自己：我的精神生活和物質生活都是以他人（活著的和死去的）的勞動為基礎的。我必須努力，以便對自己所索取的和正在索取的作出同樣的回報。我強烈嚮往儉樸的生活，並且經常痛感到自己占用了同胞過多的勞動；我認為階級差別是不合理的，因為它最終是依靠武力而實現的。我還相信，無論在身體上還是在精神上，簡單純樸的生活，對每個人都是有益的。

我根本不相信哲學意義上的人類自由。每一個人的行為不僅受到外界的強制，而且還要適應內在的需要。叔本華說：「人雖能做他想做的，但不能要他想要的。」這句格言從我青年時代起就給了我真正的啟示。在我個人和別人的生活面臨困難的時候，它總是給我們安慰，永遠都能使我們忍耐一切。這種體會寬大為懷的減輕了那種容易使人氣餒的責任感，並且使我們避免嚴肅對待自己和別人；它有助於形成一種特別能公正對待幽默的人生觀。

從客觀上看，要追究一個人自己或所有生物的生存意義或目標，我總覺得是愚蠢可笑的。可是每個人都有一些理想，這些理想決定著他努力和判斷的方向。在這種意義上，我從來不為了安樂而安樂 —— 我把這種倫理基礎稱之為豬欄的理想。給我照亮道路，並給我新的勇氣去對待生活的理想，就是真、善、美。若是沒有志同道合者之間的親情感，如果不全神貫注於客觀世界 —— 藝術和科學工作永遠不能征服的對象 —— 生活對於我就會是空虛的。人們努力奮鬥的那幾個平庸的目標 —— 財富、成功與享受 —— 都是我所不齒的。

我的強烈的社會正義感和社會責任感與我對人際交往的冷漠，這兩者總是形成奇特的反差。我的確是一名「孤獨的旅行者」，從未全身心的屬於我的國家、我的家鄉、我的朋友乃至我的家人。面對這些關係，我總是有一種距

離感和孤獨感。這種感受正與日俱增。一個人會清楚認識到，同別人的相互
了解和協調一致是有限度的。但這不值得惋惜。這樣的人無疑會失去某種天
真和無慮；但另一方面，他基本上不聽命於同伴的意見、習慣和判斷，從而
避免了那種把自己的內心平衡建立在這些不可靠的基礎之上的誘惑。

　　我的政治理想是民主制。讓每一個人都作為一個個體而受到尊重，而不
讓任何人成為被崇拜的偶像。而我個人一直受到同代人過度的讚賞和尊敬，
這不是我個人的過錯，也不是我個人的功勞，而是命運的捉弄。其中的原因
大概在於這種願望，那就是人們想了解我憑藉自己的微薄之力透過不懈的努
力而提出的幾個觀念。我深知，一個組織要實現其目標，就必須有一個人來
思考，來指揮，從而全面負責。但是，被領導者不能受到強迫，他們一定能
夠選擇自己的領導人。在我看來，強迫的專制制度很快就會腐化墮落。因為
暴力集聚品德低劣的人，而且我相信天才的暴君由無賴繼承，這是亙古不變
的規律。由於這個緣故，我一直強烈反對我們今天在義大利和俄國所看到的
那種制度。使歐洲今天所推行的民主形式受到懷疑的不是民主原則本身，而
是政府的不穩定和選舉制度中的非人格因素。我認為在這個方面美國已經尋
找到了正確的途徑。他們選舉一位總統，他具有足夠長的任期，並且具有充
分的權力去真正履行他的職責。另一方面，在德國的政治制度中，我欣賞的
是它為救濟生病或遭受貧困的人所作的詳盡的規定。在人生的各種表演中，
真正有價值的似乎不是政治意義上的國家，而是具有創造性和知覺的個體，
是個性。只有個性才能創造崇高和卓越；而烏合之眾永遠是思維遲緩、反應
遲鈍的。

　　講到這裡，我想起了團體生活中最壞的一種表現，那就是我所厭惡的軍
事體制。一個人能夠隨著軍樂隊在四列縱隊裡行進而洋洋自得，單憑這一點
就使我對他鄙夷不屑。真是錯讓他長了一個大腦袋，他只有骨髓就夠了。文

明的這種罪惡的淵藪，應該盡快剷除。被迫的英雄主義，冷酷無情的暴力以及愛國主義為幌子的一切無理取鬧，都是我深惡痛絕的。在我看來，戰爭是多麼卑鄙無恥。我寧願被碎屍萬段，也不願參與這種可憎的勾當。我對人類的評價，使我相信，要是健康的民族感沒有遭到那些透過學校和新聞界而起作用的商業利益和政治利益的蓄意腐蝕，那麼戰爭這個妖孽早就會絕跡了。

　　我們所能有的最美好的體驗就是神祕感。它是真正的藝術和科學搖籃中的基本情感。誰沒有過這種體驗，誰不再感到好奇，誰再也不會感到驚訝，誰就無異於一具行屍走肉，他的雙眼就變得模糊不清。正是對神祕的體驗 —— 即使摻雜著恐懼 —— 產生了宗教。我們認識到有某種我們所不能洞察的事物存在，並且我們感覺到只以其最原始的形式接近我們心靈的最深刻的理性和絢麗的美。正是這種認識，正是這種感情，構成了真正的宗教信仰。在這個意義上，而且只有在這種意義上，我才是一個虔誠的宗教信徒。我想像不出有一個上帝，他對他的造物加以賞罰，或者具有我們所體會的意志。我不能也不願想像一個人會有來生：讓那些脆弱的靈魂，由於恐懼或者可笑的私心，去珍視他們的這種想法吧。而我只滿足於生命永恆的奧祕，滿足於認識現存世界的奇妙結構和窺見它的一鱗半爪。此外，我還要全身心努力去領悟在自然界中顯示出來的那種理性的一部分，即使只能領悟其中的極其微小的一部分。

科學的頌歌

[德國] 愛因斯坦　一九三一年

名人小視窗

這篇演講是愛因斯坦一九三一年二月十六日，在美國加利福尼亞理工學院，對全院學生發表的。在這篇演講中，他憑藉其自身的深切感受，以長者和朋友式的懇切語言為年輕的一代祝福，希望他們繼承和發展人類的科學，關心社會，做有益於人類的事，保證使科學的成果造福於人類，而不致成為禍患，表現了一位科學家偉大的人文精神和人道主義立場。

演講辭

我親愛的朋友們：

我十分高興看到在我面前的你們 —— 選擇了科學作為職業、精力充沛的青年人隊伍。

我將反覆唱一首讚美詩，讚美在應用科學上我們已經取得的偉大成果，讚美你們即將帶來的更大的進步。事實上，我們是在應用科學的時代，也是在這樣一個應用科學的國度。

如果說我現在是在不合時節的說話，那是錯誤的！正好像有人認為不開化的印第安人經濟不富裕、生活不愉快一樣，但我不這麼想。事實上，開明

國家的孩子是那樣的喜歡玩「印第安人」遊戲，這具有深刻的意味。

偉大的應用科學應使我們減少勞動，使生活變得安樂舒適；但為什麼現在它帶給我們的幸福這麼少呢？簡單的答案就是：因為我們仍然沒有把科學置於合理的應用之中。

戰爭年代，科學為我們可能中毒和相互傷害服務；和平時期，它使我們的生活變得匆忙和不穩定，它代替大規模消耗腦力的勞動，解脫我們，它使人們成為機器的奴隸 —— 人們的大部分時間都用在了漫長單調的令人厭惡的工作上，且還要繼續擔心自己可憐的口糧。

你們可能覺得我這個老頭唱的歌不中聽，可是，我這麼說具有一個良好的目的 —— 為了指出科學的重要和前途。

為使你們的工作能夠賜福於人類，僅僅懂得應用科學本身是不夠的！對人類本身及其命運的關心必然總是培養出努力學習各種技術的興趣；對尚未解決的巨大的勞動起源和商品分配的問題的關心 —— 為了我們思想意識的建立，將會給整個人類帶來幸福而不是災難。在你們的圖表和方程序中，千萬不要忘記這一點。

東西方倫理思想的比較

[美國] 杜威　一九二〇年

名人小視窗

杜威・約翰（John Dewey）（西元一八五九年 —— 一九五二年），美國實用主義哲學家、激進的教育理論家。出身佛蒙特州的伯靈頓一個雜貨商家庭。曾就讀於佛蒙特大學。先在密西根大學和芝加哥大學執教，一九〇四年後轉入紐約的哥倫比亞大學，在該校任哲學教授直到一九三〇年退休。

杜威根據他的哲學原理匯集出了兒童應當多動手，從做中學習的教育理論。他在《學校與社會》（西元一八九九年）一書中發表了自己的見解，並在芝加哥創辦了一所小型實驗學校以實踐他的觀點。杜威的成就使許多美國教育家確信，有必要發展那種少一點組織機構、少一點以教師為中心、多一點實踐的學校。

這篇演講節選自杜威一九二〇年在華講演。杜威曾多次來華演說，有演說集《杜威五大講演》。杜威是胡適的老師，他的實用主義哲學（即經驗自然主義）與改良主義的社會歷史觀，因胡適的提倡而頗有影響。

演講辭

道德適應環境而產生，某種道德對於某種環境為善，對於他種環境又不

然，所以東西道德實無長短之言。我所討論的是理智上的比較，是東西方思想的對照。我對於東方學問毫無研究，議論有錯，還請原諒。據我看來，東西方思想有三點差異：

一、東方思想更切實、更健全，西方思想更抽象、更理智。例如五倫：君臣、父子、夫婦、兄弟、朋友，都是健全的確定的切實的天然的人生關係。人人都有父、有子、有夫婦兄弟，人人都是一國的臣民或君長，人人都有朋友。所以東方的聖人，就規定五倫的道德規範，教人怎樣做君臣，做父子、夫婦、兄弟、朋友。西方的思想卻不同。大概西方的主要觀念為正直（Justice）與仁（Benevolence），都是抽象的觀念，並沒有具體指哪種倫常事物。換句話說，正直和仁慈都從理智推究出來。切實的道德觀念有種好處，就是有確定的標準，教的省得麻煩，學的容易領悟。弊病就是因確定生執拗，因切實成拘泥，習故安常，不能通權達變，以適應時勢。理智的、抽象的道德觀念，能權能變。例如正直和仁悲，應用到君臣、父子、夫婦、兄弟、朋友都可。臣對君要正直和仁慈，君對臣也要正直和仁慈，不像東方臣對君要忠，君對臣就不要忠了。所以西方道德是平等的、普遍的、活的、能權能變以適應環境，環境變，觀念也變，大抵事物越確定，變化越難。例如說臣要忠，就使數千百年的臣都要忠。原理越普通，變化越易。雖然有含糊的毛病，卻能通權達變。

二、西方倫理根據個性，東方倫理根據家庭。這種差異，人人都知道的。他和第一個差異有密切的關係。西方人不承認人倫有何確定的關係，如君臣等。他們只知道有我，有個人，所以沒有尊卑的分別，正直和仁慈對父對子都可以。東方經書所說的五倫，有三個屬家庭（即父子、夫婦、兄弟，其餘下的君臣是父子的變相，朋友是兄弟的變相。所以東方的道德觀念，簡直可說全然根據家庭。所以經書常說孝是德之本。而孝的範圍也最大，不信不誠，敗壞家聲，可算不孝；建德立功，揚名顯親，就可算孝。

三、西方倫理尊重個人權利，東方倫理蔑視個人權利。西方一二百年來，個

人權利最受尊崇。所以個人有行動自由的權利,別人不得干涉;有保存財產的權利,別人不得強取,有養護身體的權利,別人不得毒打;有保全榮譽的權利,別人不得敗壞。凡干涉別人自由,強取別人財產,破壞別人榮譽的,都是不道德的。後來這種權利觀念,漸漸推到政治。美國宣告獨立文中,開宗明義就說人人有生命財產和自求多福的權利。從道德方面說,個人不能侵犯他人權利。所以從政治方面說,政府就應當保護人民的權利了。這就是個人主義的表現。人人都是多種權利的中心點,社會上一切平等,......東方道德就是注重自己對人應盡的義務,所以沒有西方道德自私自利的毛病......

非暴力是我的第一信念

[印度] 甘地　一九二二年

名人小視窗

莫漢達斯‧卡拉姆昌德‧甘地（Mohandas Karamchand Gandhi）（西元一八六九年 —— 一九四八年）。印度民族運動領袖，在印度被尊為「聖雄」。留學英國。曾在南非進行反種族歧視鬥爭，提出「非暴力抵抗」口號。第一次世界大戰後在印度宣導對英國殖民政府開展非暴力不合作運動，長期領導印度大黨。一九四八年在教派糾紛中被刺殺。

這篇演講是一九二二年三月二十三日在印度可馬達巴發表的。

演講辭

非暴力是我的第一信念，也是我的最後信念。可是我得做個選擇：或者屈服於一個我認為對我國造成了無可補救的傷害的制度，或者讓我國人民在我道出真相後爆發出他們的滿腔憤怒。我知道我國人民的確有時候會發狂，我為此深表歉意，所以我在這裡不求對我從輕量刑，而希望判以最重的處罰。我不求寬大，也不要求減刑。所以我是來提出請求的，請你們判給我最重的處罰。我的罪名在法律上看起來是蓄意犯罪，而在我看來則是履行了一個公民的最高責任。法官先生，我過一會兒在我的陳述中還會說，您唯一的

辦法是：或者辭職，或者，如果您認為您所協助執行的制度和法律對人民有益的話，就對我判以最嚴屬的處罰。我並不指望您回心轉意。不過，我胸中到底是燃燒著一種什麼樣的東西，去冒一個理智的人所能冒的最大的風險，到我把陳述念完的時候，您就會略有所知。

這次起訴主要是安撫印度公眾和英國公眾的，我也許應當感謝他們，因為我能夠解釋一下我為什麼從一個頑固的保王黨人和合作者變成了一個堅定的反王黨主義者和不合作主義者。至於我的罪名——鼓舞對印度依法建立的政府的不滿，我也應該對法庭說明一下為什麼我表示服罪。

我最早擔任公職是西元一八九三年，在風雨飄搖的南非，我在南非跟英國當局的初次接觸不能說是愉快的。我發現，作為一個人，作為一個印度人，我是沒有權利可言的。反過來，我發現，我作為一個人所以沒有權利是因為我是印度人。

但是我並沒有因此而氣餒。我當時想，對待印度人的這種行為只是在一個本質基本良好的肌體上生長的一個腫瘤。我自願由衷的跟政府合作，看到缺點時毫無保留的提出批評，但從來也沒有希望它垮台。

後來，英帝國在西元一八九九年因遭到布林人挑戰而搖搖欲墜的時候，我主動前去聲援，召集了一支志願救護車隊，參加了幾次救援雷迪史密斯的行動。同樣，在一九〇六年祖魯人起義時，我也召集了一支擔架隊，一直服務到「叛亂」結束為止。這兩次我都獲得了勳章，連新聞報導都提到了我。哈丁勳爵還為我在南非的表現發給我一枚凱澤‧依‧欣德金質勳章。一九一四年，英國和德國爆發戰爭時，我在倫敦又招募了一支志願救護車隊，隊員都是當時住在倫敦的印度僑民，主要是學生。當局讚揚了我們工作的價值。最後一次是在印度。一九一七年在德里舉行的戰爭會議上，切爾姆斯福特勳爵呼籲徵兵，我不顧身體，在凱達奮力招募了一隊人馬。應徵尚未

完畢，戰爭就停止了，傳下命令說不必再徵兵了。我這樣不辭辛勞，是以為可以憑這樣的服務為我的同胞在大英帝國贏得完全平等的地位。

我第一次受到震動是頒布了羅拉特法。這條法案的目的是要剝奪人民一切真正的自由。我覺得有責任帶頭發起一場激烈的抗議運動。然後就發生了旁遮普慘案，從賈利安瓦拉巴格的屠殺開始，接著又是罰爬、鞭撻示眾和各種難以形容的侮辱。在旁遮普犯下的罪行被掩蓋了，大部分罪人不但不受懲治，相反還留在原處服務，有的還繼續從印度的財政收入中領取退休金，有的甚至受到褒獎。我還看到，改革不但並不說明心腸改變，而且只不過是一種進一步榨取印度財富、延長奴役時間的辦法。

我很不情願得出了一個結論：與英國沾上的關係在政治上、經濟上，都使印度空前軟弱無助。被解除了武裝的印度已經沒有招架之力，想跟侵略者交戰也已經力不從心。情況之嚴重使得我們一些精英人士認為印度得在好幾代人以後才能獲得自治的地位。印度已經窮得對饑荒沒有抵禦能力了。英國人來印度以前，印度幾百萬農舍裡都有人紡線織布，來補充稀少的農業資源。對印度的生存如此重要的家庭手工業遭到了滅頂之災。就像英國一些目擊者所說，其過程之慘無人道是難以置信的。

處於半饑餓狀態的印度人民大眾在慢慢掉進死亡的深淵，城市居民對此一無所知。他們也不知道他們這點可憐的舒適是他們為外國剝削者效勞而換來的，其中的利潤和佣金都是從人民大眾身上榨取的。他們也不知道在英屬印度依法建立的政府是為剝削人民而運作的。再狡猾的辯詞，再巧妙的耍數字花招也無法解釋為什麼在很多村莊裡出現具具骷髏，這可是有目共睹的。要是確有上帝存在，我堅信，對這場可能是有史以來對人類犯下的最嚴重的罪行，英國要負責，印度的城市居民也要負責。在我國，連法律也已經被用來為外國剝削者服務了。我不帶偏見對旁遮普戒嚴法進行過研究，我相信，

被定罪的人中，至少百分之九十五以上是冤枉的。根據我對印度政治案件的經驗，被定罪的人十中有九完全無辜，其罪行只是熱愛祖國。在印度的法庭裡，印度人與歐洲人打官司一百次有九十九次吃虧的是印度人。這不是誇張之詞。幾乎每一個與這些案件有關連的印度人都有冤情。依我看，法律的執行是為了剝削者的利益而有意無意被踐踏了。

最可悲的是，英國人及其印度同夥們在治國的時候沒有意識到自己犯下了我剛才描述的罪行。我很欣慰，很多英國和印度官員真心以為自己管理的國家是世界上制度最優越的國家之一，還認為印度在穩步前進，只是速度緩慢而已。他們不知道，由於一方面是一種微妙但有效的恐怖主義制度和有組織的武力炫耀，而另一方面人們被剝奪了一切報復或自衛的能力，因此，人民毫無招架之力，被迫形成了佯裝的習慣，而這種可惡的習慣又使當權者的無知和自欺行為更為嚴重。印度刑法第一二四之A條，也就是我有幸被控觸犯的那條，也許是為鎮壓公民自由而立的政治性條款。感情這東西是不能由法律製造出來的，也不可能由法律來控制。一個人若是對另一個人或一樣東西沒有感情，就應該有自由充分表達自己的不滿，只要不打算搞暴力，不助長、不煽動暴力行動即可。但是，根據班克先生和我被指控觸犯的那條，僅僅助長不滿情緒就是一條罪行。我研究了根據這條刑法而審判的一些案例，據我所知，印度一些最受人愛戴的愛國志士也是根據這一條而定的罪。因此我認為我能擔同樣的罪名是一種榮幸。我已經盡力簡短說明了我產生不滿情緒的原因。我對任何行政長官都沒有個人意見，對英國國王本人更不可能心懷不滿。但是，現任政府從總體來講比以前任何一個制度都更大的傷害了印度。我認為對這樣的政府心懷不滿是一種美德。今天，我相信，在英國統治下的印度比以往任何時候都缺乏陽剛之氣。對這樣一種制度要是有感情，倒是一種犯罪。我能在作為我的罪證而出示的各種文章裡闡明我的觀點是莫大

的榮幸。

其實，我相信，我的不合作主義對印、英雙方都是有利的，因為雙方都可以因此而各自擺脫目前這種彆扭的狀態。據本人愚見，不與惡合作，就像與善合作一樣，是同等重要的一項義務。可是在過去，不合作的表現形式是故意用暴力去反抗作惡者。我盡力向我的同胞們指明，暴力的不合作只會使罪惡繁衍，而且因為罪惡是只能靠暴力來維持的，所以要停止扶助罪惡就必須徹底摒棄暴力。非暴力意味著自願接受因不與惡勢力合作而帶來的懲罰。因此，我來這裡就是要發出邀請，請讓我歡歡喜喜接受最嚴厲的懲罰，來懲治我這項法律上認為是蓄意犯下的罪行，而我卻認為此罪是一個公民最高的義務。

法官先生，諸位陪審員，你們的出路只有一條，或者因為認識到你們務必執行的法律之罪惡，我之無辜而辭職，以示與惡勢力誓不兩立；或者因為相信你們幫襯執行的法律對本國人民有益，我的活動有害於公共利益而判給我最嚴厲的懲罰。

我們拒絕被打敗

[蘇聯] 史達林　一九三一年

名人小視窗

約瑟夫・史達林（Joseph Jughashvili Stalin）（西元一八七九年 ——
九五三年），前蘇聯共產黨總書記（一九二二年 —— 一九五三年），前蘇聯
部長會議主席（一九四一年 —— 一九五三年）。

本篇是一九三一年二月四日史達林於莫斯科發表的演講。

演講辭

有時會聽到人們問：可否稍微放慢步伐，我們的運動可否煞煞車。不，
同志們，不可以！步伐絕不可以放慢！相反的，我們還必須在我們的能力和
潛力的範圍內盡可能加快步伐。這是我們對蘇聯的工人和農民的義務。這也
是我們對全世界工人階級的義務所決定的。

放鬆步伐就意味著落後，落後的人就會被打敗，我們不要被打敗。不，
我們拒絕被打敗！舊俄羅斯歷史的一個特點就是它的落後使它不斷吃敗仗。
它敗在蒙古可汗手中，它敗於土耳其大公，它敗於瑞典封建領主，它敗於波
蘭和立陶宛士紳，它敗於英國和法國資本家，它敗於日本貴族。誰都能打垮
它 —— 因為它落後，軍事落後，文化落後，政治落後，工業落後，農業落

後。他們打它是因為這樣做對他們有利而且不會為他們帶來任何懲罰。大家還記得革命前一位詩人說過的話：「俄羅斯我們的母親啊，你既貧窮又富饒，既強大又衰弱！」那些人太熟悉老詩人的詩句了。他們一面揍它一面說「你真富饒」，於是他們在你身上發財致富。他們一面捶它一面說「你又窮又弱」，於是你挨揍，被掠奪，他們卻逍遙法外。這就是剝削者的規律 —— 專打落後和弱小。這正是資本主義弱肉強食的規律。你落後弱小 —— 所以你說什麼也是錯的；所以你活該挨打和被奴役。如果你強大 —— 你就一貫正確；那麼我們可就得防著你點兒，怕你三分。

所以我們絕不容許再落後下去。

過去我們沒有祖國，也不可能有個祖國。可是現在我們已推翻資本主義，政權已在我們手中，在人民手中，我們有了祖國，我們就要維護它的獨立。你們願意看到我們的社會主義祖國被打敗並失去它的獨立嗎？如果這是你們所不願見到的，你們就必須在最短的時間內結束它的落後並且邁出真正的布爾什維克的步伐，建設社會主義經濟。除此之外，別無它途。這就是為什麼列寧在十月革命前夕曾說：「不趕超先進資本主義國家，毋寧死。」

我們比先進國家落後五十到一百年。我們必須在十年內彌合這個差距。我們要是不這麼做，他們就會消滅我們。

我們對蘇聯的工人和農民的義務要求我們必須這麼做。

至遲十年之內，我們必須消除我們同先進資本主義國家的差距。我們具備了所有「客觀」可能性。我們只欠正確利用這些可能性的能力。這就得看我們了。全看我們自己了！我們該學習如何利用這些可能性。我們該揚棄不干預生產的腐臭路線。現在我們該採取新路線，一條符合現階段要求的路線 —— 也就是干預一切的路線 —— 干預工廠的一切事務，研究一切，不讓任何事務逃過你的眼睛，學習再學習。布爾什維克必須掌握技術。現在是布爾

什維克成為專家的時候了。在重建時期，技術決定一切。一個產業經理如果不願鑽研技術，掌握技術，他就是個荒唐可笑的人，不能做經理。

有人說技術難掌握。此言差矣！布爾什維克是無堅不摧的。我們已經解決過一些老問題。我們推翻了資本主義。我們掌握了政權。我們建設了龐大的社會主義工業。我們已經改造中農使他們走上社會主義道路。我們已經完成了建設方面最重要的工作。現在還有待我們去做的沒有什麼大不了的：無非是要學習技術，掌握科學。只要做到這點，我們就能跨出現在做夢都不敢想像的步伐。

只要我們真正有這個意願，我們就一定能做。

唯一不害怕的就是害怕

[美國] 富蘭克林・羅斯福　一九三三年

名人小視窗

富蘭克林・羅斯福，(Franklin Delano Roosevelt)，或稱小羅斯福，(西元一八八二年 —— 一九四五年)，美國第三十二任總統，民主黨，著名政治家。西元一八八二年出生於紐約，年輕時先後就讀於著名的格羅頓學校、哈佛大學和哥倫比亞法學院。二十八歲步入政壇，歷任紐約州參議員、政府海軍部助理部長、紐約州州長職務。一九三二年參加總統競選獲勝入主白宮，並連選連任，是美國歷史上唯一的一位任期超過兩屆並連任四屆的總統。

羅斯福不僅是世界現代史上卓越的政治家，同時也是一位著名演說家。他的演說堅定樂觀、乾脆俐落、坦誠果敢、真切感人。樸實無華的言辭，常常閃爍著智慧的光輝，灌注了奮發向上的熱情，顯示出偉大政治家的堅定信念和樂觀精神。這是他在一九三三年三月四日臨危受命時的就職演說。當時，資本主義籠罩在全球性經濟危機的陰影之下，美國經濟呈現出崩塌狀態，舉國上下一片蕭條景象。羅斯福在這篇演講中提出的一系列復興美國經濟的措施，在一定程度上達到了振奮民心的作用。

演講辭

我肯定，同胞們都期待我在就職時，會像我國目前形勢所要求的那樣，坦率而果斷向他們講話。現在正是坦白、勇敢說實話，說出全部實話的最好時候。我們也不必畏首畏尾，不老老實實面對我國今天的情況。這個偉大的國家會一如既往的堅持下去，它會復興和繁榮起來。因此，讓我首先表明我的堅定信念：我們唯一不得不害怕的東西就是害怕本身 —— 一種莫名其妙的、喪失理智的、毫無根據的恐懼，它會把轉退為進所需要的種種努力化為泡影。凡在我國生活風雲密布的時刻，一個坦率而有活力的領導，都得到過人民本身的這種理解和支援，從而為勝利提供了必不可少的條件。我相信，在目前的危急時刻，大家會再次給領導人以同樣的支持。

我和你們都要以這種精神，來面對我們共同的困難。謝天謝地！這些困難只是物質方面的。價值已難以想像的貶縮了，課稅增加了，我們的支付能力下降了，各級政府都面臨著嚴重的收入短缺；交換手段在貿易過程中遭到了終結，工業企業枯萎的落葉到處可見，農場主的產品找不到銷路，千家萬戶多年的積蓄付之東流。

更重要的是，大批失業公民正面臨嚴峻的生存問題，還有大批公民正以艱辛的勞動換取微薄的報酬。只有愚蠢的樂天派會否認當前這些陰暗的現實。但是，我們的苦惱絕不是因為缺乏物資。我們沒有遭到什麼蝗蟲災害。我們的先輩曾以信念和無畏一次次轉危為安，比起他們經歷過的險阻，我們仍大可感到欣慰。大自然仍在給予我們恩惠，人類的努力已使之倍增。富足的情景近在咫尺，但就在我們見到這種情景的時候，寬裕的生活卻悄然離去。這主要是因為主宰人類物資交換的統治者們失敗了，他們固執己見而又無能為力，因而已經認定失敗，並撒手不管了。貪得無厭的貨幣兌換商的種種行徑，將受到輿論法庭的起訴，將受到人類心靈和理智的唾棄。

不錯，他們作出過努力，但他們的努力一直束縛於陳舊的傳統方式。面對信用的失敗，他們提議的只是更多的貸款。當利潤失去了吸引力，不能再用來誘使人們服從他們的錯誤領導時，他們就求助於規勸，眼淚汪汪的請求人們恢復信心。他們只知道追求私利的那一代人的原則。他們沒有遠見，而沒有遠見，人民就要遭殃。

貨幣兌換商已從我們文明廟堂的寶座上溜之大吉了。我們現在可以按古老的真理來恢復廟堂了。至於能恢復到什麼程度，這要看我們如何運用社會價值，使它比純粹的金錢利潤更可貴。

幸福並不在於單純的占有金錢，幸福還在於取得成就後的喜悅，在於創造性努力時的熱情。務必不能再忘記勞動帶來的喜悅和激勵而去瘋狂的追逐那轉瞬即逝的利潤。如果這些暗淡的時日能使我們認識到，我們真正的天命不是要別人侍奉，而是為自己和同胞們服務，那麼，我們付出的代價就完全是值得的。

認識到把物質財富當作成功的標準是錯誤的，我們就會拋棄以地位尊嚴和個人收益為唯一標準，來衡量公職和高級政治地位的錯誤信念；我們必須制止銀行界和企業界的一種行為，它常常使神聖的委託混同於無情和自私的不正當行為。難怪信心在減弱，因為增強信心只有靠誠實、榮譽感、神聖的責任感，忠實的加以維護和無私的履行職責；而沒有這些，就不可能有信心。

但是，復興不僅僅要求改變倫理觀念。這個國家要求行動起來，現在就行動起來。

我們壓倒一切的首要任務是安排人們工作。如果明智的、勇敢面對這個問題，這就不是什麼解決不了的問題。我們可以像處理戰時緊急情況那樣，透過政府本身的直接招雇來解決部分問題，並透過這種招雇，同時完成迫切需要的工程，促進和調整天然資源的使用。

　　對大家寄予我的信任，我一定抱以時代所要求的勇氣和獻身精神。我不會做得比這少。

　　讓我們正視面前的嚴峻歲月，懷著舉國一致給我們帶來的熱情和勇氣，懷著尋求傳統的、珍貴的道德觀念的明確意識，懷著老老少少都能透過恪盡職守而得到的問心無愧的滿足。我們的目標是要保證國民生活的圓滿和長治久安。

　　我們並不懷疑基本民主制度的未來。美利堅合眾國人民並沒有失敗。他們在需要時表達了自己的委託，即要求採取直接而有力的行動。他們要求有領導的紀律和方向。他們現在選擇了我作為實現他們的願望的工具。

　　在此舉國奉獻之際，我們謙卑的請求上帝賜福。願上帝保佑我們大家和每一個人。願上帝在未來的日子裡指引我。

持久進步之路

[美國] 富蘭克林·羅斯福　一九三七年

名人小視窗

本篇是富蘭克林·羅斯福在一九三七年一月二十日發表的連任就職演說，也是闡述「新政」並為之作辯護的名篇。從這次就職儀式開始，新當選總統的就職日期從原來的三月四日提前到一月二十日。

演講辭

四年前，當我們聚在一起舉行總統就職典禮，美利堅合眾國憂心如焚，群情激奮。我們致力於實現一個理想 —— 讓全體人民為追求幸福所必不可少的安全與和平環境早日到來。我們美利堅合眾國人民立下誓言，要把玷汙我們傳統信仰的人趕出廟堂，要堅韌不拔的、無所畏懼的用行動來結束當時的蕭條和失望。我們首先解決了這些當務之急。

我們的誓約沒有就此止步。我們本能的認識到更深一層的需要 —— 需要透過政府找到實現共同目標的手段，為每個人去解決複雜文明社會所日益產生的問題。試圖不要政府的幫助來解決這些問題，已使我們屢屢碰壁和一籌莫展。因為，沒有這種幫助，我們就無法從道德上來控制科學的使用；有了這種必要的控制，才能把科學變成人類的有用的僕人，而不是無情的主人。

為了做到這一點，我們知道必須找到切實可行的辦法，控制那些盲目的經濟力量和利令智昏的人。

我們美利堅合眾國人民認識到一條真理：民主政府生來就有能力保護人民，使他們免遭一度認為是不可避免的災難，解決一度認為是不可解決的問題。我們聽天由命的忍受了幾個世紀之後，找到了控制瘟疫的辦法，所以，我們不承認找不到控制經濟瘟疫的辦法。我們拒絕把我們的共同福利問題交給機會的陣風和災難的狂飆去擺布。

在這方面，我們美國人不是在發明全新的真理，而是在為我們的自治史冊寫下新的篇章。

今年是制憲會議召開一百五十週年，那次會議使我們成為一個國家。指西元一七八七年召開的費城制憲會議。在那次會議上，我們的前輩為擺脫革命戰爭後的混亂局面找到了出路，他們創立了步調一致、堅強有力的政府，使我們足以在當時和現在都能解決個人或地方根本無法解決的問題。他們在一個半世紀以前建立起聯邦政府，目的就是要增進美國人民的普遍福利，確保美國人民的自由幸福。

今天，我們要同樣運用政府的力量來達到同樣的目標。

四年來的新經驗並沒有使我們的歷史直覺落空。這四年清楚展現了一條希望之路，即地方政府、州政府和美利堅合眾國政府都能按時代的要求行事而無需放棄民主。我們過去四年的任務並沒有迫使民主去休假。

我們幾乎所有的人都認識到，由於人類關係日趨複雜，支配這種關係的權力也必須加強 —— 包括抑惡的權力和揚善的權力。我國的基本民主和人民安全的依據不是不要權力，而是透過誠實和自由的選舉制度，把權力交給可以由人民定期更換或連任的人。西元一七八七年的憲法並沒有使我們的民主軟弱無力。

事實上，在過去四年中，我們使一切權力的行使都變得更加民主，因為我們已經開始使私人專斷的種種權力恰當的服從於大眾的政府。所謂它們不可戰勝 —— 凌駕於民主程序之上而又超脫於民主程序之外 —— 這個神話已經被粉碎。它們遭到了挑戰，並且已經被擊敗。

我們擺脫蕭條所取得的進步是顯而易見的。但是，那還不是你們和我所說的事物新秩序的全部。我們的誓言並非僅僅用舊材料做些修補工作。我們已經在用社會公正這種新材料，開始從原有基礎上建立更持久的結構，以便未來幾代人更好利用。

在這方面，我們已經得益於思想和精神上所取得的成就。古老的真理得到了重溫，假話虛話遭到了拋棄。我們一直知道，無動於衷的自私自利是不道德的；我們現在還知道，它是不利於經濟的。經濟繁榮的建築師們曾自詡符合實際，但隨著繁榮的破滅，人們都已經深信，從長遠來看經濟道德會帶來效益。我們正在開始消除實際與理想之間的界線，透過這種做法，我們正在為建立道德更高尚的世界，製作一件力大無比的工具。

這種新的認識，打破了以追名逐利為榮的傳統觀念。我們開始不再容忍某些人濫用權力，這些人為了利潤而背棄了起碼的生活準則。

在這個過程中，以前得到認可的歪風邪氣不會那麼輕易的得到寬恕。冷靜的頭腦不會那麼輕易的原諒冷酷的心肝。我們正在走向一個好心腸時代。但是，我們認識到，除非在有善良願望的人之間，是不可能存在好心腸時代的。

出於這些原因，我理所當然的認為，我們所目睹的最重大變化就是美國道德風尚的變化。

在有善良願望的人之間，科學加之民主，為個人提供了日益豐富的生活和日益增大的滿足。隨著道德風尚的這種變化，隨著我們重新發現了改進經

濟秩序的能力，我們已經踏上了持久的進步之路。

我們現在就停下來，從前進的道路上向後轉嗎？我們要把現在的美國稱為希望之鄉嗎？或者，我們要繼續走自己的路嗎？因為詩云「每一個時代都是一場夢，不是在消逝，就是在誕生。」

我們在面臨重大抉擇時聽到了許多聲音。貪圖安逸者說：「歇一會吧。」機會主義者說：「這是個好地方。」膽小怕事者問：「前面的路有多難走？」

不錯，我們已經把蕭條和沮喪的日子遠遠甩到了後面。我們維持了活力。我們恢復了勇氣和信心。我們擴大了思想和道德領域的疆界。

但是，我們目前的成績是在超常形勢的壓力下取得的。在恐懼和痛苦的刺激下，前進是迫不得已的。當時的形勢是有利於進步的。

然而，今天要堅持進步就比較困難了。麻木不仁、不負責任、冷酷無情的自私自利已經重新抬頭。這類繁榮的症狀可能成為災難的徵兆！繁榮已經在考驗我們進步的決心能否持久。

讓我們再問一問：我們已經達到一九三三年三月四日那天憧憬的目標了嗎？我們已經找到快樂之谷了嗎？

我看到一個偉大的國家，地處遼闊的大陸，天賜富饒的自然資源，它的一億三千萬人民和睦相處，他們正在使自己的國家成為各國的好鄰居。我看到一個美利堅合眾國，它能夠作出示範，即採用民主管理的方法，可以把國家財富轉變成日益廣泛的、聞所未聞的人類生活情趣，可以把最低生活標準提高到遠遠超過僅僅糊口的水準。

但是，以下幾大段話招致共和黨人諸多非議，是羅斯福對「『新政』過頭論」的反擊。我們的民主正面臨種種挑戰：在這個國家，我看到幾千萬公民 —— 占人口總數相當大一部分 —— 此時此刻得不到按目前最低標準所規定的大部分生活必需品。

我看到幾百萬個家庭以微薄收入勉強度日，日復一日處於家庭災難的威脅之下。

我看到幾百萬城鄉居民，他們的日常生活仍處於半個世紀以前被所謂上流社會稱作的不體面狀況。

我看到幾百萬人得不到教育和娛樂，得不到改善自己及其子女命運的機會。

我看到幾百萬人無力購買工農業產品，而他們的貧困又使其他成千上萬人無法投入工作和生產。

我看到全國三分之一的人住不好，穿不好，吃不好。

我不是懷著失望向你們描繪這幅圖景的。我是懷著希望來描繪的 —— 因為，當全國都看到並認識到這是不公正現象，就會建議把它消除掉。我們決心使每個美國公民都成為國家注意和關心的對象，我們絕不會把境內任何忠誠守法的群體看作是多餘的。檢驗我們進步的標準，不是看我們是否為富裕者錦上添花，而是看我們是否使貧困者豐衣足食。

如果我對我國的精神和目標有所了解，那麼，我們一定不會去理睬貪圖安逸者、機會主義者和膽小怕事者，我們一定會繼續前進。

我們美利堅合眾國絕大多數人都是善良的人，不論男人還是女人，他們不僅都有熱誠的奉獻之心，而且還有為達到實際目的所需要的冷靜的頭腦和勤勞的雙手。他們會堅持認為，民眾政府的各個機構都要運用有效的手段來執行人民的意志。

政府的各個成員都作為全體人民的委託人那樣去工作，這個政府就是稱職的政府。政府隨時了解所有情況，它就能不斷前進。人民了解到政府所作所為的真實情況，政府就能得到應有的支持和合理的批評。

如果我對我國人民的意志有所了解，那麼，他們會要求務必創造並維持

使政府有效的上述條件。他們會要求我國不為不公正的致命弊病所敗壞，從而在決心實現和平方面為各國樹立起堅強的榜樣。

今天，我們在突然發生變化的文明世界上，再一次把我們的國家奉獻給珍視已久的理想，世界各地歷來存在使人們分離或聚合的力量。從個人抱負而言，我們是個人主義者。但是，當我們作為一個國家去謀求經濟和政治進步時，我們就是一個整體，要麼共同興旺起來，要麼一起衰落下去。

要維持民主的力量，需要以極大的耐心來處理方法上的分歧，需要有虛懷若谷的氣度。但是，在眾說紛紜之中，可以了解到公眾需要的主流。於是，政治領導人就能夠指出共同的理想，並幫助實現這些理想。

值此再度宣誓就任美利堅合眾國總統之際，我擔當起領導美國人民沿著他們選定的前進道路奔向前方的莊嚴職責。

在擔任這個職務期間，我要盡最大努力按照人民的意圖說話，按照人民的意志辦事，我要祈求上帝的指引，來幫助我們人家把光亮送給黑暗中的人，並引導大家走向和平之路。

民主不是在死亡

[美國] 富蘭克林·羅斯福　一九四一年

名人小視窗

本篇是富蘭克林·羅斯福的第三任就職演說。其時，第二次世界大戰的烽火已殃及全球。圍繞參戰問題，美國輿論形成了「國際主義派」和「孤立主義派」，美國民主制的活力和「新政」的成果均受到了懷疑。

演講辭

西元一七八九年起，每逢總統就職典禮的全國性日子，人民都要賦予為美利堅合眾國作出奉獻以新的意義。

在華盛頓就職時，人民的任務是創立和熔鑄成為一個國家。

在林肯就職時，人民的任務是維護這個國家，使它避免從內部發生分裂。

今天，人民的任務是挽救這個國家及其制度，使它避免因外部因素而瓦解。

對我們來說，由於事態的急劇發展，現在已經到了稍停片刻和作一番審查的時候 —— 重新想一想我們在歷史上占據了什麼地位，重新看一看我們現在和可能扮演什麼角色。如果我們不這樣做，我們將因遲鈍而冒真正

的危險。

　　國家的壽命並不是用年數的多少來確定的，而是用人類精神的生命力來確定的。人的壽命一般是七十歲：有的人活得稍微長一些，有的人稍微短一些。國家的壽命則完全取決於它的生存意志。

　　有些人懷疑這一條。有些人認為：民主作為一種政體和生活制度，受到神祕的和人為的命運的限制或制約，出於某種無法解釋的原因，暴政和奴隸制已成為未來的洶湧潮流，自由正在退潮。

　　但是，我們美國人知道這不是真的。

　　八年前，當這個共和國的生命似乎由於命中註定的恐懼而停止時，我們已經證明這不是真的。我們曾處於恐懼之中 —— 但是我們採取了行動。我們迅速、大膽、果斷採取了行動。

　　後來的這若干年一直是生氣勃勃的年代 —— 是這個民主國家的人民獲得豐收的年代。因為這些年給我們帶來了更大的安全，而且我希望，也帶來了更好的認識，即生活的理想是用物質以外的東西來衡量的。

　　對我們的現在和未來而言，一個民主國家的這段經歷是最重要的：它成功度過了危機，它拋棄了許多邪惡的東西，它根據持久的路線建立了新的結構，透過所有這些，它堅持了民主制的實際。

　　這是因為，我們是在美利堅合眾國憲法規定的三權分立的範圍內採取行動的。與政府並列的各個部門繼續在自由的履行職能。權利法案依然不可侵犯。選舉自由完全得到了堅持。預言美國民主制即將崩潰的人已經發現，他們聳人聽聞的預測變成了泡影。

　　民主不是在死亡。

　　我們了解這一點，因為我們已經目睹它復甦過來 —— 而且成長起來。

　　我們知道它不會死亡 —— 因為它是建立在男男女女的不受壓抑的主動精

神上的，他們攜手並肩的投入了一項共同的事業 —— 一項由享有自由的多數人透過自由表達來承擔和完成的事業。

我們知道民主不會死亡，因為在各種形式的政體中，唯獨民主政體能充分發揮人類進步意志的力量。

我們知道民主不會死亡，因為唯獨民主制確立了沒有任何約束的文明，它能在改善人類生活方面取得永無止境的進步。

我們知道民主不會死亡，因為如果我們透過表面看問題，就會感覺到它仍在每一片大陸上擴展 —— 因為它是最人道、最先進，說到底也是最不可征服的人類社會形式。

國家像人一樣有一個身體 —— 它必須以我們時代的目標為標準，得到吃、穿、住、活動和休息。

國家像人一樣有一個腦袋 —— 它必須了解情況和處於戒備狀態，它必須了解自己，了解鄰居的希望和需要，而鄰居就是生活在這個狹小世界範圍內的所有其他國家。

國家像人一樣不止是各個部分的總和，還有更深、更廣、更持久的東西。這件東西最關係到國家的前途 —— 它喚起民眾最神聖的保衛其現在。

對這件東西，我們發覺很難，甚至不可能用一句簡單的話來表達。

不過，我們都了解它是什麼 —— 它是精神 —— 它是美國的信念。它是好幾個世紀的結晶。它是在大批群眾中產生的，他們來自世界上的許多地方 —— 有些人層次較高，但大多數是普通人，他們在此致力於總有一天能更不受約束的尋找自由。

在人類歷史上，渴望民主並不是最近階段的事情。它本身就是一部人類史。這樣的例子在古代各國人民的生活中俯拾即是。它在中世紀重新燃起了火炬。它被載入了英國大憲章。

民主在美洲一直有著不可抗拒的影響。美國歷來是操不同語言的各國人民心中的新世界，這倒不是因為它是一片新發現的大陸，而是因為所有來到這裡的人都相信，他們能夠在這片大陸上創造出新的生活 —— 而且應當是自由的新生活。

民主的生命力被記載在我們自己的五月花號公約中，被記載在獨立宣言、美利堅合眾國憲法和蓋茲堡演說中。

那些最先來到這裡實現其精神追求的人們，那些成千上萬的後繼者，以及這些人的子孫後代 —— 都在堅定不移的、始終如一的奔向一個理想，而這個理想在每一代人中逐漸成長和明確起來。

為了實現共和國的希望，既不能永無休止的容忍不該有的貧窮，也不能永無休止的容忍自私自利的財富。

我們知道，我們還要走很長的一段路。我們必須根據國家資源和能力的條件，為每一個公民創造出更大的安全、更好的機會和更多的知識。

但是，僅僅達到這些目的是不夠的。使這個國家有衣穿和有飯吃是不夠的，使它得到教誨和知識也是不夠的。因為它還有精神。在身體、腦袋和精神三者中間，精神是最重要的。

所有的人都知道，沒有身體和腦袋，這個國家就不能生存。

但是，如果美國精神遭到扼殺，我們所知道的美國就會滅亡，即使它的身體和腦袋蜷縮到完全不同的世界中依然生存。

那種精神 —— 那種信念 —— 在我們的日常生活中對我們說話。但它說話的方式常常不被注意，因為似乎太司空見慣了。它在這裡，在我國的首都對我們說話。它透過四十八個主權州的管理過程對我們說話。夏威夷和阿拉斯加兩州尚未加入聯邦。它在我國的農村、城市、鄉鎮、村莊對我們說話。它從西半球的其他國家，從大洋彼岸的國家 —— 無論是被奴役的國家還是

自由的國家對我們說話。有時候我們聽不見，或者不注意這些表達自由的聲音，因為對我們來說，自由的特權已是很古老的故事。

西元一七八九年，我國第一位總統在他的首任就職演說中作過預言，他的話宣布了美國的命運 —— 這些話似乎完全是針對今年一九四一年說的：「人們理所當然的、滿懷深情的、也許是最後一次的把維護神聖的自由之火和共和制政府的命運，係於美國人所遵命進行的實驗上。」參見華盛頓總統就職演說。

如果我們丟掉那支神聖的火炬 —— 如果我們讓它在懷疑和恐懼中熄滅 —— 那麼，我們就會拋棄華盛頓經過如此英勇和成功的鬥爭而確立起來的命運。為了維護美國的精神和信念，我們現在和將來都完全有理由在國防事業中作出任何犧牲。

我們面臨著前所未有的嚴峻的險惡形勢，我們的堅定決心是捍衛和維持民主的完整。

為此，我們要振作起美國的精神和美國的信心。

我們不會後退。我們不會滿足於原地踏步。作為美國人，我們要遵奉上帝的意志為國效力和走向前方。

一個遺臭萬年的日子

［美國］富蘭克林・羅斯福　一九四一年

名人小視窗

二十世紀三十年代中期，面對東西方法西斯國家加緊的侵略活動，羅斯福採取了反對法西斯侵略的政策。但是在和平主義、孤立主義勢力的推動下，一九三五年，美國國會透過了禁止向交戰國出售軍火的中立法案。這一法案，縱容了法西斯國家對其他民主國家的侵略行為。

一九三五年，羅斯福再次當選為美國總統。這時，羅斯福在國內經濟好轉的基礎上，開始注意國際間的問題。一九三八年一月二十八日，他要求國會撥付十億美元建立「兩洋」海軍，國會透過了《文森海軍法》。同年，羅斯福動手擴建海軍。

一九三九年九月一日，德國突襲波蘭，第二次世界大戰全面爆發。一九三九年，羅斯福政府接受愛因斯坦的建議，批准了以「S-T」為代號的製造原子彈的祕密計畫，開始了祕密研究製造原子彈。

一九四〇年十一月，羅斯福第三次當選為總統。一九四一年六月二十二日，蘇德戰爭爆發，羅斯福同前蘇聯簽訂了租借議定書，支援了前蘇聯戰爭的物資。八月十四日，發表了羅斯福與邱吉爾共同宣言，即「大西洋憲章」。九月二十四日，蘇聯宣布加入「大西洋憲章」，後又有十五國政府加入，從而

奠定了世界反法西斯聯盟的基礎。

一九四一年十二月七日，日本帝國主義海空部隊突然一齊出動偷襲太平洋美國夏威夷群島上的軍事基地珍珠港。美國參謀部和太平洋艦隊司令部來不及實施有效的抵抗，致使美國太平洋艦隊遭到慘重的損失。這就是震驚世界的「珍珠港事件」。羅斯福一九四一年十二月八日在美國參眾兩院聯席會議上發表了這篇著名的演講，宣布美國與日本處於戰爭狀態。十二月二十二日，羅斯福在白宮總統府和邱吉爾會談。羅斯福表示和英國一道把主要力量用來對付德國，獲勝後再轉向日本。隨後，美國參加了國際反法西斯聯盟。

演講辭

副總統先生、議長先生，參眾兩院各位議員：

昨天，一九四一年十二月七日 —— 一個遺臭萬年的日子 —— 美利堅合眾國遭到了日本帝國海空軍部隊突然和蓄謀的進攻。

美利堅合眾國當時同該國處於和平狀態，而且，根據日本的請求，當時仍在同該國政府和該國天皇進行著對話，對於維持太平洋的和平有所期待。實際上，就在日本空軍中隊已經開始轟炸美國瓦胡島之後一小時，日本駐美利堅合眾國大使及其同事還向我們國務卿提交了對美國最近致日方的信函的正式答覆。雖然覆函聲明繼續進行外交談判似已無用，它並未包含有戰爭或武裝進攻的威脅或暗示。

應該記錄在案的是：由於夏威夷同日本的距離，這次進攻顯然是許多天乃至若干星期以前就已蓄意進行了策劃的。在策劃的過程之中，日本政府透過虛偽的聲明和表示希望維繫和平而蓄意對美利堅合眾國進行了欺騙。

昨天對夏威夷群島的進攻，給美國海陸軍部隊造成了嚴重的損害。我遺憾告訴各位，很多美國人喪失了生命。此外，據報，美國船隻在舊金山和火奴魯魯之間的公海上也遭到了魚雷襲擊。

昨天，日本政府已發動對馬來西亞的進攻。

昨夜，日本軍隊進攻了香港。

昨夜，日本軍隊進攻了關島。

昨夜，日本軍隊進攻了菲律賓群島。

昨夜，日本軍隊進攻了威克島。

今晨，日本軍隊進攻了中途島。

因此，日本在整個太平洋區域採取了突然的攻勢。昨天和今天的事實不言自明。美利堅合眾國的人民已經形成了自己的見解，並且十分清楚這關係到我們國家的安全和生存的本身。

作為陸海軍總司令，我已指示，為了我們的防務採取一切措施。

但是，我們整個國家都將永遠記住這次對於我們進攻的性質。

不論要用多長時間才能戰勝這次有預謀的入侵，美國人民以自己的正義力量一定要贏得絕對的勝利。

我現在斷言，我們不僅要作出最大的努力來保衛我們自己，我們還將確保這種形式的背信棄義永遠不會再危及我們。我這樣說，相信是表達了國會和人民的意志。

敵對行動已經存在。毋庸諱言，我國人民、我國領土和我國利益都處於嚴重危險之中。

信賴我們的武裝部隊 —— 依靠我國人民的堅定決心 —— 我們將取得必然勝利 —— 上帝助我！

我要求國會宣布：自一九四一年十二月七日 —— 星期日，日本進行

無緣無故和卑鄙怯懦的進攻時起，美利堅合眾國和日本帝國之間已處於戰爭狀態。

徹頭徹尾的失敗

[英國] 邱吉爾　一九三八年

名人小視窗

溫斯頓‧邱吉爾（Sir Winston Leonard Spencer-Churchill）（西元一八七四年 —— 九八五年）英國傳記作家、歷史學家、政治家。邱吉爾的一生雖主要從事政治活動，但他的歷史著述和傳記文學寫作也成就卓著。一九四六年開始，他便被提名為諾貝爾文學獎的候選人，並終於在一九五三年，「由於他在描述歷史與傳記方面之浩詣，同時由於他那捍衛崇高的人的價值的光輝演說」，獲得諾貝爾文學獎。

西元一八九九年，邱吉爾退伍參政，一九〇〇年當選為下議院議員。一八〇六年以自由黨身分首次入閣擔任殖民副大臣，後出任商務大臣、內政大臣，第一次世界大戰前夕擔任海軍大臣，戰爭期間擔任過軍需大臣。十月革命勝利後，他曾積極企劃反蘇。一九二四年，又以保守黨身分出任財政大臣，直至一九二九年保守黨在選舉中慘敗而離開政府，賦閒十年之久。這期間他出版了五卷本回憶錄《世界危機》（一九二三年 —— 一九三一年）、傳記著作《我的早年生活》（一九三〇年、四卷本《馬博羅傳》（一九三三年 ——一九三八年）。

一九三〇年代，由於法西斯勢力的崛起，歐洲形勢日益緊張，邱吉爾堅

決反對英法等國的綏靖政策，成為強硬派領袖。他到處發表演說，揭露戰爭的危險。他的演說滔滔雄辯，警句迭出，被公認為出類拔萃的大演說家。一九三九年，第二次世界大戰爆發，邱吉爾被聘任為張伯倫內閣的海軍大臣。一九四〇年，他臨危受命，出任首相，領導英國人民保衛英倫三島，並積極展開外交活動，與美蘇結盟，形成國際反法西斯統一戰線，為反法西斯戰爭的最後勝利做出重大貢獻。

本篇是邱吉爾在一九三八年十月五日在倫敦的演講。

演講辭

我想到一九三三年希特勒剛掌權時，歐洲還相當有希望享受長久和平，想到多少可以遏制納粹強權的機會被白白放過，又想到龐大的聯盟和資源被忽視或浪費，我認為這在整個歷史上是絕無僅有的情形。就我國而言，責任要由那穩操我國政治事務大權諸公承擔。他們既沒有阻止德國重新武裝，也沒有及時重新武裝我們自己。他們與義大利爭吵，卻救不了衣索比亞。他們利用國聯的龐大機制，使其名譽掃地，他們沒有注意透過合縱連橫彌補過去的錯誤，他們使我們在面臨考驗的關頭，沒有足夠的國防力量，也沒有真正的國際安全……

許多人一定真心以為他們只是出賣了捷克斯洛伐克的利益而已，但我恐怕我們會發現，我們已深深連累，甚至致命的危害了大英和法國的獨立。這不僅僅涉及放棄德國殖民地，我相信我們會被要求放棄那些殖民地。這也不僅僅是在歐洲失去影響力的問題。看問題要看得比這更深。你必須考慮納粹運動的性質和它意味的統治。首相先生希望見到我國和德國關係融洽。人民之間關係融洽是毫無困難的。我們同情他們，但他們沒有權力。你永遠不可能同當今的德國政府友好。當然，外交和正確的關係要維持，但是英國民主

和納粹強權之間絕不可能建立友誼。那個強權摒棄基督教倫理，而以一種野蠻的異教情緒為之推波助瀾，它鼓吹侵略和征服精神，它反常的以迫害異己為樂，並從中獲取力量，而且我們已經目睹它殘酷無情的以致命的武力相逼。那種強權永不可能成為英國民主的可靠朋友。

我無法容忍的是感覺我國墜入納粹德國的控制、軌道和勢力影響中，感覺我們的存亡仰仗於他們的高興與慈善。為了不讓這種情況發生，我不遺餘力主張堅固一切防禦堡壘——首先，及時建立一支優於任何可能進犯我國的軍力的空軍；第二，聯合眾多國家，發揮集體力量；第三，在國聯範圍內，締結聯盟和軍事條約，團結力量，無論如何要遏制納粹的前進。我的努力白費了，我提出的每一個立場都被他們成功以似是而非的藉口破壞和推翻。

我們不願就如此輕易的淪為納粹統治歐洲體系的衛星國。幾年之內，也許幾個月之內，他們就會向我們提出一些要求，並請我們務必遵從。這些要求可能涉及讓出土地，或讓出自由。我可以預見到屈服的政策將帶來對言論自由、議會辯論、公共論壇、新聞界討論的限制，他們會說（事實上這種說法已時有所聞），我們不允許納粹獨裁統治受到平庸渺小的英國政客批評。到時，新聞界受到一部分是直接的、而更厲害的是間接的控制，每一個輿論機關如同上了麻醉藥，言聽計從，我們就會被牽著鼻子走下去……

我一直在思索如何採取措施保護我們不受納粹進犯的威脅，並保全我們如此珍惜的生活方式。唯一的途徑是什麼？唯一途徑就是恢復我們固有的島嶼獨立性，方法是取得當初答應給我們的制空權，以及口口聲聲說有，實際沒有的空防安全，這才能使我們再度成為一個島嶼。在前途一片陰霾中，這是個亮堂堂、由不得你不信的事實。我們應該立刻展開前所未有的擴軍，我國的所有資源、它的全部團結的力量都應投入這一事業……

我不怨我們的忠誠勇敢的人民，他們願意不計代價的盡義務，在上個星

期的緊張壓力面前，他們毫不畏縮 ── 我也不怪他們曉得目前不再需要他們面對嚴峻考驗時迸出的自發的喜悅和輕鬆；但是他們應該知道事實。他們應該知道我們的國防有嚴重疏忽和缺陷；他們應該知道我們不戰而敗，其後果將長期與我們同在；他們應該知道我們經過了歷史上一個極不光彩的里程碑，因為歐洲的整個均衡被破壞，而且西方民主國家現在聽到了對他們極不恭維的評語：「你們在天平上被稱過了，斤兩不足！」別以為這事到此為止。這還只是算帳的開始。這只是年復一年會遞到我們手中的苦酒的第一口，只是讓我們先嘗嘗滋味，除非我們重振健全的道德和堅強的鬥志從而重新站起來，一如往昔那樣挺身維護自由！

對英國戰役的展望

[英國] 邱吉爾　一九四〇年

名人小視窗

《對英國戰役的展望》是邱吉爾在戰雲密布的危急情勢下，到議會對戰局發表的具有預見性、鼓動性的軍事演說。

一九四〇年五月下旬至六月初，著名的敦克爾克戰事後，德軍又發起凶猛的攻勢。義大利法西斯為瓜分戰果也發動了對英法聯軍的進攻。法軍節節敗退，法國失敗主義者在煽動投降，宣布巴黎為不設防城市，並否決了邱吉爾最後一次勸阻法國投降的建議。六月十七日，新成立的法國貝當政府又發布了停止抵抗的通告，使本來就不牢固的反德聯盟核心 —— 英法軍事同盟瀕臨崩潰。由此帶來了英國的極大恐慌。正是在這「黑暗的日子」裡，邱吉爾趕到議會，以他特有的冷靜態度，發表了振作精神的演講。

演講辭

在上次大戰的最初四年中，各協約國節節敗退，士氣低落……當時我們一再自問：「我們如何才能贏得勝利？」但無人能確定的回答這個問題。直到最後，出乎意料，我們的強敵突然在我們眼前瓦解了。這突如其來的勝利沖昏了我們的頭腦，竟使我們做了坐失良機的蠢事。

無論法國出現何種情況，當前的法國政府或今後的法國政府會碰到什麼問題，我們英國本土以及整個英帝國的一切人都絕不會失去對法國人民的同志情誼……待到我們的辛勞換來最後勝利，他們將和我們同享勝利之果 —— 啊，我們都將重新得到自由。我們絕不放棄我們的正當要求；對於這個，我們一絲一毫也不退讓……捷克人、波蘭人、挪威人、丹麥人、比利時人已經把他們的事業和我們的事業聯繫在一起，這些國家都將光復起來。

　　魏剛將軍所說的法蘭西戰役已經結束，但我預計不列顛的戰役即將開始。世界文明的存亡系此一戰，英國人民的生死係此一戰，我國制度以及英帝國的帝祚能否延續亦系此一戰。不久敵人將傾全力向我們猛撲過來。希特勒深知如不能在英倫島上擊潰我們，他便將徹底失敗。如果我們能抵禦住他，整個歐洲便可得到自由，全世界便可走上陽光燦爛的廣闊大道。但是，如果我們失敗了，全世界包括美國在內，包括我們所熟悉所熱愛的一切，將陷入一個新黑暗時代的深淵。發達的科學將使這個黑暗時代更險惡，更漫長。因此，讓我們振作精神、恪盡職守。倘若英帝國及聯邦得以永世長存，人們將說：「這是他們最光榮美好的時刻！」

我謹祝各位聖誕快樂

[英國] 邱吉爾　一九四四年

名人小視窗

溫斯頓・邱吉爾（西元一八七四年 —— 一九六五年），英國資產階級政治家，也是一位著名的歷史學家、文學家和演講家。二十多歲時，便在英國、美國、加拿大等國進行巡迴演講，表現出了卓越的演講才華。一九五三年獲諾貝爾文學獎，這和他出類拔萃的演講才能是分不開的。

本文是邱吉爾一九四四年聖誕前夕在美國發表的即席演說。

演講辭

各位為自由而奮鬥的勞動者和將士：

我的朋友，偉大而卓越的羅斯福總統，剛才已經發表過聖誕前夕的演說，已經向全美國的家庭致友愛的獻詞。我現在能追隨驥尾講幾句話，內心感到無限的榮幸。

我今天雖然遠離家庭和祖國，在這裡過節，但我一點也沒有異鄉的感覺。我不知道，這是由於本人的母系血統和你們相同，抑或是由於本人多年來在此地所得的友誼，抑或是由於這兩個文字相同、信仰相同、理想相同的國家，在共同奮鬥中所產生出來的同志感情，抑或是由於上述三種關係的綜

123

合。總之我在美國的政治中心地 —— 華盛頓過節，完全不感到自己是一個異鄉之客。我和各位之間，本來就有手足之情，再加上各位歡迎的盛意，我覺得很應該和各位共坐爐邊，同享這聖誕之樂。

但今年的聖誕前夕，卻是一個奇異的聖誕前夕。因為整個世界都捲入了一種生死搏鬥之中，使用著科學所能設計的恐怖武器來互相屠殺。假若我們不是深信自己對於別國領土和財富沒有貪圖的惡念，沒有攫取物資的野心，沒有卑鄙的念頭，那麼我們今年的耶誕節，一定很難過。

戰爭的狂潮雖然在各地奔騰，使我們心驚膽跳，但在今天，每一個家庭都在寧靜的、肅穆的氣氛裡過節。今天晚上，我們可以暫時把恐懼和憂慮拋開、忘記，而為那些可愛的孩子們布置一個快樂的晚會。全世界說英語的家庭，今晚都應該變成光明和平的小天地，使孩子們盡量享受這個良宵，使他們因為得到父母的禮物而高興，同時使我們自己也能享受這種無牽無掛的樂趣，然後我們提起明年艱苦的任務，以各種的代價，使我們孩子所應繼承的產業，不致被人剝奪；他們在文明世界中所應有的自由生活，不致被人破壞。因此，在上帝庇佑之下，我謹祝各位聖誕快樂。

誰說敗局已定

[法國] 戴高樂　一九四〇年

名人小視窗

夏爾・戴高樂（西元一八九〇年 ── 一九七〇年），法國總統。青年時期在著名的聖西爾軍校學習，並畢業於該校，參加過第一次世界大戰和第二次世界大戰。

歷史上往往不乏這樣的情形：在風雲突變、危機迭起的關鍵時刻，平時名不見經傳的人物一下子被推上歷史舞台。第二次世界大戰中湧現出來的戴高樂正是如此。在一九四〇年六月十八日在法國猝然潰敗、慘遭淪亡的歷史轉折關頭，政治上默默無聞、剛剛獲得臨時性準將銜的戴高樂頓時嶄露頭角，發表演講，在二戰的隆隆炮火聲中，一下子登上了歷史舞台。

在這篇演講中，戴高樂將軍向法國人民發出號召，要求他們振作起來，不要喪失信心，要積極行動起來，拿起武器，為趕走並消滅德國法西斯侵略者而戰，強烈呼籲法國人民投身於反法西斯的戰鬥行列中。

演講辭

擔任了多年軍隊領導職務的將領們已經組成了一個政府。

這個政府藉口軍隊打了敗仗，便同敵人接觸，謀取停戰。

125

是的，我們的確打了敗仗，我們已經被敵人陸、空軍的機械化部隊所困。……但是難道敗局已定，勝利已經無望？

不，不能這樣說！

請相信我的話，因為我對自己所說的話完全有把握。我要告訴你們，法蘭西並未失敗，總有一天我們會用目前戰勝我們的同樣手段使自己轉敗為勝。

因為法國並非孤軍作戰。她並不孤立！絕不孤立！她有一個幅員遼闊的帝國作後盾，她可以同控制著海域並在繼續作戰的不列顛帝國結成聯盟。她和英國一樣，可以得到美國雄厚工業力量源源不斷的支援。

這次戰禍所及，並不限於我們不幸的祖國，戰爭的勝敗也不取決於法國戰場的局勢。這是一次世界大戰。我們的一切過失、延誤，以及所受的苦難都沒關係，世界上仍有一些手段，能夠最終粉碎敵人。

我們今天雖然敗於機械化部隊，將來，卻會依靠更高級的機械化部隊奪取勝利。世界命運正在於此。

我是戴高樂將軍，現在在倫敦發表廣播講話。我向目前在英國國土上或將來可能來到英國國土上的持有武器或沒有武器的法國官兵發出號召，請你們和我取得聯繫；我向目前在英國國土上或將來可能來到英國國土上的軍火工廠的一切有製造武器技術的工程師、技師與技術工人發出號召，請你們和我聯繫。

無論發生什麼情況，法蘭西抗戰的烽火都不可能被撲滅，也絕對不會被撲滅。

明天我還要和今天一樣，在倫敦發表廣播講話。

告別演說

[英國] 蒙哥馬利　一九四三年

名人小視窗

　　貝納德‧洛‧蒙哥馬利（Bernard Law Montgomery）（西元一八八七年 —— 九七六年），英國陸軍元帥。生於倫敦。一九〇八年畢業於桑赫斯特皇家軍事學院。第一次世界大戰中戰功卓著。第二次世界大戰中歷任第三軍軍長、第八軍團司令、歐洲盟軍集團司令等職。在阿拉曼一役中，挫敗德軍名將隆美爾，建立奇功；後又成功指揮諾曼第登陸戰。一九四四年晉升元帥。戰後歷任英國駐德占領軍總司令和盟國對德管制委員會英國代表、帝國總參謀長、西歐總司令委員會主席、北約最高司令部副總司令等職。一九五八年退役。一九六〇年、一九六一年兩次訪華。一九七六年病逝。

　　一九四三年十二月三十日，身為第八軍團軍司令的蒙哥馬利在義大利前線突然接到回國命令，要他準備實施橫渡海峽、進軍西歐大陸的軍事行動。在倉促離別之際，他在司令部所在地托瓦斯城的歌劇院舉行了告別會，向官兵作了這篇簡短的演說。演說質樸無華，充滿了馳騁疆場、同生死共患難的戰鬥情誼，表達了「臨別依依」的「離別之情」。

演講辭

我不得不遺憾告訴你們，我離開第八軍團的時刻來到了。我受命去指揮英國軍隊。他們將在最高統帥艾森豪的領導下作戰。

我實在很難把離別之情適當向你們表達出來。我就要離開曾經和我一起戰鬥的戰友。在艱苦作戰與贏得勝利的歲月中，你們忠於職守的勇敢與獻身精神，永遠令我欽佩。我覺得，在這支偉大的軍隊中，我有許多朋友。我不知道你們是否會想念我，但我對你們的思念，特別是回憶起那些個人的接觸，以及路上相遇時愉快致意的情景，實非言語所能表達。

我們共同作戰，從未失敗過。我們共同所做的每件事，總是成功的。

我知道，這是由於每個官兵忠於職守、全心全意合作的結果，而不是我一人之力所能做到的。

正因為這樣，你們和我彼此建立了信任。司令官與他的部隊之間的相互信任是無價之寶。

與沙漠空軍部隊告別，我也依依不捨。在第八軍團整個勝利作戰的過程中，這支出色的空中打擊力量一直同我們並肩作戰。第八軍團的每名士兵引以為榮的承認，這支強有力的空軍的支援是取得勝利的極其重要的因素。對於盟國空軍，尤其是對於沙漠空軍的大力支援，我們將永志不忘。

臨別依依，我要向你們說些什麼呢？

我激動得說不出話，但我還是同你們說：

第八軍團能有今天，是你們的功勞，是你們，使得它在全世界家喻戶曉。因此，你們一定要維護它的良好名聲和它的傳統。

請你們以對我一貫的忠誠和獻身精神同樣的對待我的接任者。

再見吧！

希望不久又再見面，希望在這次大戰的最後階段，會再次並肩作戰！

反攻動員令

[美國] 艾森豪　一九四四年

名人小視窗

德懷特·艾森豪（Dwight David Eisenhower）（西元一八八〇年——一九六七年）美國第三十四任總統。一九一五年畢業於西點軍校。一九四二年任歐洲戰區司令官，後升為盟軍最高司令。一九四五年領導盟軍最終戰勝德國。一九五二年當選美國總統。

第二次世界大戰中，德懷特·艾森豪將軍成為歷史上最成功的司令官。戰後，他又以陸軍總司令的工作為自己軍事生涯增添光輝。之後，他做了北大西洋公約組織軍隊的最高司令。

本篇是一九四四年六月六日發表的戰前演說。

演講辭

各位聯合遠征軍的海、陸軍戰士們：

你們馬上就要踏上征程去進行一場偉大的聖戰，為此我們已精心準備了數月。全世界的目光都注視著你們，各地熱愛和平的人們的期望與祈禱伴隨著你們。

你們將與其他戰線上的英勇盟軍及兄弟一起並肩戰鬥，摧毀德國的戰爭

機器，推翻壓在歐洲人民身上的納粹暴政，保衛我們在一個自由世界的安全。這是一項艱巨的任務。你們的敵人訓練有素，裝備精良，久經沙場。他們肯定會負隅頑抗。但是現在是一九四四年，與納粹一九四〇年、一九四一年連連取勝時大不相同。聯合國在正面戰場予以德軍迎頭痛擊，空軍削弱了德軍的空中力量和陸上戰鬥能力；後方彈藥充足、武器精良、部署得當、後備力量豐富。潮流已經逆轉，全世界自由的人們正在一起向勝利邁進。我對你們的勇敢、責任心和作戰技巧充滿了信心，我們迎接的只會是徹底的勝利。

　　祝你們好運，並讓我們祈求萬能的上帝祝福這偉大而崇高的事業獲得成功。

尋求人類幸福的可能

[英國] 羅素　一九四八年

名人小視窗

伯特蘭‧羅素（Bertrand Arthur William Russell）（西元一八七二年 —— 一九七〇年），英國數學家、邏輯學家、哲學家。生於威爾斯的特雷萊克。西元一八九四年畢業於劍橋大學三一學院。當過駐法使館隨員。後任英美多所大學客座教授。是費邊社成員、英國皇家學會會員，並當選亞里斯多德學會會長。第一次世界大戰時曾因反對徵兵和宣傳和平主義被監禁；晚年反對核子武器，譴責美國侵略越南。一九六三年創立羅素和平基金。一九五〇年獲諾貝爾文學獎。在數學上，對數理邏輯和數學基礎有研究。

這篇演講選自羅素一九四八年在英國 BBC 廣播電台所作的系列講演的總結部分。羅素的系列講演集以《權威與個人》為題出版。第二次世界大戰後，出現了資本主義陣營與社會主義陣營之爭。羅素是一位和平主義者，認為資本主義與社會主義這兩種政治形式都不能遏止邪惡，使人類達到幸福之途。唯一的通途是：透過明智的使用科學技術，既為所有人提供機會，又為所有人提供安全。這是羅素為當今世界開出的救世良方，即科學救世。

演講辭

在整個人類發展的時代裡，人們一直遭受著兩種痛苦：由外部自然界造成的痛苦，以及人們錯誤的相互傷害所造成的痛苦。首先，最為邪惡的是那些由環境造成的痛苦。人是一個稀有的種族，他的生存是危險的。人沒有猴子的靈敏，也沒有任何毛皮的遮蓋，他也難以逃脫各種猛獸的侵襲，並且在世界絕大部分地區不能忍受冬天的寒冷。他只有兩個生物學上的優勢：直立的姿勢解放了他的手，而智力又使他能夠傳授經驗。逐漸的，這兩個優勢給他以至高無上的地位。人類種族數量的成長超過了任何其他大哺乳動物的種族。但是，大自然仍能用洪水、饑荒和瘟疫的手段顯示威嚴，迫使人類的絕大多數為了獲取每天的麵包而不停的勞動。

在我們的時代，由於科學智慧發展的結果，外部自然對我們的奴役正在迅速的減少。儘管饑荒和瘟疫仍舊發生，但是我們一年比一年更清楚應該用什麼去避免它們。艱苦的勞作仍舊是必要的，但這只是由於我們的不明智；假如有和平和合作的話，我們能夠靠一種非常適度的勞作來生存。按照現有的技術，我們在選擇運用智慧的時候，能夠從外部自然的許多古老形式的奴役中解放出來。

但是，人們相互傷害的邪惡並沒有同樣的消失。仍舊存在著戰爭、壓迫以及各種沒有人性的殘酷，貪欲的人們依舊從比他們更少技能或者不那麼無情的人們手中攝取財富。權力欲仍在導致大獨裁者，或者在它不可能採取更嚴重的形式時，帶來純粹的愚昧。恐懼 —— 深切的但很少有理性的恐懼 —— 在許多人的生活中，仍然是主要的動機。

這一切都是不必要的，人性中並沒有什麼東西使得這些邪惡不可避免。我想盡可能著重強調的重複說，我完全不贊成那些人 —— 他們從我們的各種競爭性衝動中推論出人類需要戰爭以及其他破壞性衝突形式。我堅信與之完

全相反的東西。我認為，各種競爭性衝動有一種基本的作用，而且它們的各種有害形式也能夠被極大削減。

在不害怕短缺的地方，占有欲將變得越來越小。權力欲能夠以許多對其他人無害的形式得到滿足；以由發現和發明帶來的對自然的控制來滿足，以創作各種令人欽佩的書籍和藝術作品來滿足，以及由成功的勸導來滿足。如果它們能夠找到正當出路的話，那麼能量和對成就的希望就是有益的；如果找不到的話，它們就將是有害的 —— 這就像蒸汽一樣，既能驅動火車，又能炸破容器。

我們從外部自然奴役之下的解放，已經使得一種比迄今為止存在過的更大程度的人類幸福變成了可能。但是，如果這種可能性得以實現的話，還必須有各種的確無害的發揮創造力自由的途徑。那些創造力形式的刺激豐富了人們的生活。我們不應試圖以使人馴服和膽怯創立起一個美好的世界，而應以鼓勵人們的勇敢、冒險和無所畏懼來創立，除了對他們的同伴有傷害的情況。在這個世界上，我們發現，善的可能性幾乎是無限的，而惡的可能性也是如此。

我們目前的困境比起其他事情來說，更多的是由於下述事實：我們已經學會理解和控制身外的各種自然力量達到可怕的程度，但卻沒有學會控制那些體現於我們自身的東西。自我控制一直是道德家們的一句格言，但是它過去一直是一種不被理解的控制。在這些講演中，我一直在尋求對人的需要有一種比大多數政治家和經濟學家所假設的理解更寬泛的理解，因為只有透過這樣一種理解，我們才能找到實現那些希望的途徑，儘管這些希望基本上已被我們的愚蠢所挫傷，但我們的技能仍使我們能夠實現它們。

生與死的尊嚴

[法國] 阿爾貝·卡繆　一九五七年

名人小視窗

阿爾貝·卡繆（Albert Camus）（一九一三年 —— 一九六〇年），法國著名作家。他早年便積極參加反對國際法西斯主義的宣傳運動，並為捍衛當地阿拉伯人的權利而抨擊法國當局的保守勢力。卡繆和同時代的許多法國知識分子一樣，以小說和戲劇這兩種主要文藝形式作為獨特的表現手法，輔之以哲學隨筆和大量的新聞寫作，對同時代的諸如法西斯主義、種族滅絕、寬容的殖民主義、死刑、拷問刑訊、種族主義等引起激烈爭論的重大問題從道德上進行了探討。他的主要作品有：《卡利古拉》、《誤會》、《圍困》、《正義者》等四部劇本，兩部哲學隨筆《西敘福斯的神話》和《反抗的人》，小說《局外人》、《鼠疫》和《墮落》。一九五七年獲諾貝爾文學獎。獲獎原因是「由於他在其重要的文學作品中，以明晰的觀察和無比的熱情闡明了當代人的良心所面臨的各種問題。」本篇即為獲獎演說。

演講辭

在接受你們這獨立的學院所慷慨給予我的這份榮譽之時，尤其當我想到自己的成就還夠不上獲此殊榮的時候，我深切的感激之情便油然而生。每

個人都希望被人認可，每一位藝術家都更有理由希望如此，我也不例外。然而，在沒有將此項殊榮與自己的成就相聯繫之前，我從未奢望獲得此項榮譽。一個幾乎仍舊年輕的人，唯一的財富便是懷疑，而且個人的創作生涯仍處於成長階段，個人又甘於工作的孤寂和離群索居的生活。對於這樣的一個人，當他獲悉一項突然間使他一個人孤零零的成為耀眼光芒的焦點時，他怎會不感到惶恐不安呢？在歐洲的其他作家，其中包括最偉大的作家，受到譴責而變得沉默的時候，在他的祖國還經歷著無止境的悲慘遭遇的時候，他會懷著怎樣的心情接受這個榮譽呢？

我感到震驚和內心的騷動。為了恢復平靜，我只得接受這份過於慷慨的運氣。因為單憑我的成就，我還不配有此榮幸，我尋找到終身給予我支持，即使是在最不利的情況下仍然支撐我的精神支柱 —— 我的藝術觀和作家的使命感。讓我懷著感激和友善盡量簡潔向各位做說明。

對於我個人來說，沒有藝術，我就無法生活。但是我從未認為藝術高於一切。相反，如果說我需要藝術的話，那麼原因就在於它不能脫離我的同胞，它使我這樣一個人能夠與自己的同胞同呼吸、共命運。藝術是一種手段，它透過向人們繪製共同的苦樂圖而給絕大多數人以鼓舞。它使藝術家不孤立；它使他聽命於最卑微和最普遍的真理。一個自以為與眾不同而選擇藝術作為其畢生追求的人不久就會認識到，他既不能維繫他的藝術，也不能保持他的個性，除非他承認自己與別人並無兩樣。一個藝術家，當他經歷了他不能沒有的美感體驗和他無法擺脫的社會時，他就將自己與他人融為一體了。這便是真正的藝術家不傲視一切的原因所在。真正的藝術家，他們的責任在於去了解，而不是去判斷。如果他們在這個世界上不得不站在某一邊的話，那麼他們也許只能站在尼采所說的那個由創造者而不是由法官組成的社會的一邊，無論它的創造者是工人還是知識分子。

135

由此，作家肩負著重要的使命。在名義上，作家今天不能夠服務於歷史的締造者，而要為歷史的受難者服務。否則，他就會陷入孤立，失去藝術。那暴政擁有的千軍萬馬的軍隊也不能使他擺脫孤立，即使是他與他們同流合汙，也會如此。然而，世界另一端的一個無名囚徒飽償屈辱中的沉默，卻足以使作家擺脫這種流亡。至少，只要他在享有自由時不忘這種沉默，並透過他的作品把它表達出來，使之發出聲音，他就會使自己從那樣的孤寂中解脫出來。

我們中間還沒有一個人能夠擔當如此重任。但是在人生的各種機遇中—— 無論是在默默無聞或者名噪一時的時候，還是在被暴政的鐐銬禁錮，或者享有自由發言的權利之時，一個作家如果能竭盡全力去承擔構成其職業偉大的兩項任務 —— 服務於真理和服務於自由，他就能贏得一個會為他辯護的充滿生機的社會的民心。因為作家的任務就是要團結盡可能多的人民，他的藝術就不能同謊言和奴役妥協。哪裡有謊言和奴役肆虐，哪裡就會滋生孤寂。無論我們個人有什麼弱點，我們的崇高事業永遠會植根於這兩個難以恪守的承諾：不隱瞞真相和抵抗壓迫。

在長達二十多年的瘋狂歲月中，我雖然同我的所有同代人一樣無望的迷失在時代的動盪中，但卻獲得了一個支柱，這便是深藏著的一種認為在今天寫作是一種榮譽的情感。因為從事創作是一種承諾 —— 一種不僅僅是為了寫作的承諾。由於我個人的力量和境況，寫作尤其是我與經歷同樣歷史的所有人共同忍受同樣的苦難和滿懷共有的希望的承諾。我們這些人，生於第一次世界大戰爆發之時，在希特勒上台和首次革命審訊開始時，已經長大成人。經歷西班牙內戰、第二次世界大戰、集中營世界，目睹充滿酷刑和監禁的歐洲，就是我們這些人所受的全部教育。這些人而今必須在一個面臨著核毀滅的世界裡生兒育女，從事創作。我想沒有人會要求這些人成為樂觀主義者。

我甚至認為我們應當理解，在不停止與錯誤鬥爭的情況下，那些由於絕望而走上可恥行徑和追逐時代的虛無主義的人所犯的錯誤。而事實上，在法國乃至整個歐洲，這一代人中的絕大多數人都拒斥了這種虛無主義，並且致力於合法性的探索。他們不得不在災難的時代裡為自己鍛造一種生存藝術，以獲得再生和公開反抗在我們的歷史中作怪的死亡本能。

每一代人無疑都會感覺到改造世界的召喚。我們這一代人都知道他們不會去改造世界，他們的任務更加艱巨。他們肩負的任務就是阻止世界的自我毀滅。這一代人是腐朽歷史的繼承者，等待他們的是失敗的革命、瘋狂的技術、死亡的神靈和陳舊的意識形態；他們面對的是：平庸的權勢摧毀一切，而不知以理服人；知識淪為仇恨和壓迫的奴僕。這一代人從自我否定開始，必須裡裡外外的重建使生命與死亡有所尊嚴的東西。在這個面臨分裂之威脅和我們的大審判官冒險建立永久的死亡之國的世界裡，這一代人知道他們在與時間進行瘋狂賽跑的時候，應當恢復民族之間並非奴役的和平，應當重新協調勞心者與勞力者之間的關係並與所有的人重新建造「約櫃」（亦稱「法櫃」，《聖經》故事中古代猶太人存放與上帝訂立契約的聖櫃）。這一代人能否完成這一艱巨的任務，現在還不能肯定，但是他們在世界各地已經紛紛行動起來為真理和自由而鬥爭，並且知道如果需要的話，那麼他們為此雖死而無憾。這種鬥爭無論在什麼地方發生，都應當受到人們的尊敬和鼓勵，尤其是當有人為之作出犧牲的時候。無論如何，我願把今天你們所給予我的榮譽轉贈與下一代人，我相信你們會完全贊成我的這種做法的。

在概括作家職業的崇高之後，我同時還要擺正作家的位置。他除了與自己的戰友共同享有的權利之外沒有任何特權：他多愁善感但又固執己見；他雖不公正但卻熱切的要求公正；他面對公眾從事他的工作而又不卑不亢；他永無止境的在痛苦與美之間被撕裂著，最後專心致志的從他的雙重存在中描

繪他執拗的試圖在毀滅性的歷史運動中要創作的作品。因此，誰還會要求作家給予完美的答案和具有高尚的道德呢？真理是神祕莫測的，永遠有待人的征服；自由是危險的，既令人鼓舞又難以共處。我們必須艱難而又態度堅決的朝著這兩個目標前進，而且準備在漫漫的長路上跌跤。從現在開始，哪一位作家敢於問心無愧的以美德的傳播者自居？就我個人而言，我必須重申：我不是這樣的人，我從來都無法放棄光明、生之快樂和伴我成長的自由。這種懷舊可以說明我之所以犯過許多錯誤的原因。雖然如此，但是它無疑也促使我更進一步認識了自己的職業。它仍然在幫助我毫不猶豫支持那些默默忍受在這個世界上已為他們安排好的生活的人。他們之所以能夠忍受這種生活，只是因為他們擁有對過去那短暫而無憂無慮的幸福的美好回憶。

因此，當我回到真實的我，正視了自己的局限、失誤和艱難的信念之後，我便可以在結語中評說你們所給予我的這個榮譽的位置，我還可以較為輕鬆告訴各位：我接受這個榮譽，是為了向那些進行著同樣的鬥爭而沒有獲得任何榮譽卻慘遭不幸和迫害的人們致敬。我從心底裡感謝各位，並且向你們公開一個相同而古老的諾言，以表示我對諸位的感激之情。這個諾言便是每一位真正的藝術家每天都告誡自己的「忠實」。

薛西弗斯的神話

[法國] 阿爾貝·卡繆　一九四二年

　　諸神處罰薛西弗斯不停的把一塊巨石推上山頂，而石頭由於自身的重量又滾下山去，諸神認為再也沒有比進行這種無效無望的勞動更為嚴厲的懲罰了。

　　荷馬說，薛西弗斯是最終要死的人中最聰明最謹慎的人。但另有傳說說他屈從於強盜生涯。我看不出其中有什麼矛盾。各種說法的分歧在於是否要賦予這地獄中的無效勞動者的行為動機以價值。人們首先是以某種輕率的態度把他與諸神放在一起進行譴責，並歷數他們的隱私。阿索波斯的女兒埃癸娜被宙斯劫走。父親對女兒的失蹤大為震驚並且怪罪於薛西弗斯，深知內情的薛西弗斯對阿索波斯說，他可以告訴他女兒的消息，但必須以給柯蘭特城堡供水為條件，他寧願得到水的聖浴，而不是天火雷電。他因此被罰下地獄，荷馬告訴我們薛西弗斯曾經扼往過死神的喉嚨。普洛托忍受不了地獄王國的荒涼寂寞，他催促戰神把死神從其戰勝者手中解放出來。

　　還有人說，薛西弗斯在臨死前冒失的要檢驗他妻子對他的愛情。他命令她把他的屍體扔在廣場中央。不舉行任何儀式。於是薛西弗斯重墮地獄。他在地獄裡對那恣意踐踏人類之愛的行徑十分憤慨。他獲得普洛托的允諾重返人間以懲罰他的妻子。但當他又一次看到這大地的面貌，重新領略流水、陽光的撫愛，重新觸摸那火熱的石頭、寬闊的大海的時候，他就再也不願回到

陰森的地獄中去了。冥王的詔令、氣憤和警告都無濟於事。他又在地球上生活了多年，面對起伏的山巒，奔騰的大海和大地的微笑他又生活了多年。諸神於是進行干涉。墨丘利跑來揪住這冒犯者的領子，把他從歡樂的生活中拉了出來，強行把他重新投入地獄，在那裡，為懲罰他而設的巨石已準備就緒。

我們已經明白：薛西弗斯是個荒謬的英雄。他之所以是荒謬的英雄，還因為他的熱情和他所經受的磨難。他藐視神明，仇恨死亡，對生活充滿熱情，這必然使他受到難以用言語盡述的非人折磨：他以自己的整個身心致力於一種沒有效果的事業。而這是為了對大地的無限熱愛必須付出的代價。人們並沒有談到薛西弗斯在地獄裡的情況。創造這些神話是為了讓人的想像使薛西弗斯的形象栩栩如生。在薛西弗斯身上，我們只能看到這樣一幅圖畫：一個緊張的身體千百次的重複一個動作：搬動巨石，滾動它並把它推至山頂；我們看到的是一張痛苦扭曲的臉，看到的是緊貼在巨石上的臉頰，那落滿泥土、抖動的肩膀，沾滿泥土的雙腳，完全僵直的胳膊，以及那堅實的滿是泥土的人的雙手。經過被渺渺空間和永恆的時間限制著的努力之後，目的就達到了。薛西弗斯於是看到巨石在幾秒鐘內又向著下面的世界滾下，而他則必須把這巨石重新推向山頂。他於是又向山下走去。

正是因為這種重複、停歇，我對薛西弗斯產生了興趣。這一張飽經磨難近似石頭般堅硬的臉孔已經自己化成了石頭！我看到這個人以沉重而均勻的腳步走向那無盡的苦難。這個時刻就像一次呼吸那樣短促，它的到來與薛西弗斯的不幸一樣是確定無疑的，這個時刻就是意識的時刻。在每一個這樣的時刻中，他離開山頂並且逐漸的深入到諸神的巢穴中去，他超出了他自己的命運。他比他搬動的巨石還要堅硬。

如果說，這個神話是悲劇的，那是因為它的主人公是有意識的。若他行

的每一步都依靠成功的希望所支持，那他的痛苦實際上又在那裡呢？今天的工人終生都在勞動，終日完成的是同樣的工作，這樣的命運並非不比薛西弗斯的命運荒謬。但是，這種命運只有在工人變得有意識的偶然時刻才是悲劇性的。薛西弗斯，這諸神中的無產者，這進行無效勞役而又進行反叛的無產者，他完全清楚自己所處的悲慘境地：在他下山時，他想到的正是這悲慘的境地。造成薛西弗斯痛苦的清醒意識同時也就造就了他的勝利。不存在不透過蔑視而自我超越的命運。

如果薛西弗斯下山推石在某些天裡是痛苦的進行著的，那麼這個工作也可以在歡樂中進行。這並不是言過其實。我還想像薛西弗斯又回頭走向他的巨石，痛苦又重新開始。當對大地的想像過於著重於回憶，當對幸福的憧憬過於急切，那痛苦就在人的心靈深處升起：這就是巨石的勝利，這就是巨石本身。巨大的悲痛是難以承擔的重負。這就是我們的客西馬尼之夜。但是，雄辯的真理一旦被認識就會衰竭。因此，伊底帕斯不知不覺首先屈從命運。而一旦他明白了一切，他的悲劇就開始了。與此同時，兩眼失明而又喪失希望的伊底帕斯認識到，他與世界之間的唯一聯繫就是一個年輕女孩鮮潤的手。他於是毫無顧忌的發出這樣震撼人心的聲音：「儘管我歷盡艱難困苦，但我年逾不惑，我的靈魂深邃偉大，因而我認為我是幸福的。」索福克勒斯的伊底帕斯與杜思妥也夫斯基的基里洛夫都提出了荒謬勝利的法則。先賢的智慧與現代英雄主義會合了。

人們要發現荒謬，就不能不想到要寫某種有關幸福的教材。「哎，什麼！就憑這些如此狹窄的道路……？」但是，世界只有一個。幸福與荒謬是同一大地的兩個產物。若說幸福一定是從荒謬的發現中產生的，那可能是錯誤的。因為荒謬的感情還很可能產生於幸福。「我認為我是幸福的」，伊底帕斯說，而這種說法是神聖的。它迴響在人的瘋狂而又有限的世界之中。它告誡

人們一切都還沒有也從沒有被窮盡過。它把一個上帝從世界中驅逐出去，這個上帝是懷著不滿足的心理以及對無效痛苦的偏好而進入人間的。它還把命運改造成為一件應該在人們之中得到安排的人的事情。

薛西弗斯無聲的全部快樂就在於此。他的命運是屬於他的。他的岩石是他的事情。同樣，當荒謬的人深思他的痛苦時，他就使一切偶像啞然失聲。在這突然重又沉默的世界中，大地升起千萬個美妙細小的聲音。無意識的、祕密的召喚，一切面貌提出的要求，這些都是勝利必不可少的對立面和應付的代價。不存在無陰影的太陽，而且必須認識黑夜。荒謬的人說「是」，但他的努力永不停息。如果有一種個人的命運，就不會有更高的命運，或至少可以說，只有一種被人看作是宿命的和應受到蔑視的命運。此外，荒謬的人知道，他是自己生活的主人。在這微妙的時刻，人回歸到自己的生活之中，薛西弗斯回身走向巨石，他靜觀這一系列沒有關聯而又變成他自己命運的行動，他的命運是他自己創造的，是在他的記憶的注視下聚合而又馬上會被他的死亡固定的命運。因此，盲人從一開始就堅信一切人的東西都源於人道主義，就像盲人渴望看見而又知道黑夜是無窮盡的一樣，薛西弗斯永遠行進。而巨石仍在滾動著。

我把薛西弗斯留在山腳下！我們總是看到他身上的重負。而薛西弗斯告訴我們，最高的虔誠是否認諸神並且搬掉石頭。他也認為自己是幸福的。這個從此沒有主宰的世界對他來講既不是荒漠，也不是沃土。這塊巨石上的每一顆粒，這黑黝黝的高山上的每一顆礦砂唯有對薛西弗斯才形成一個世界。他爬上山頂所要進行的鬥爭本身就足以使一個人心裡感到充實。應該認為，薛西弗斯是幸福的。

七十歲演講詞

[美國] 李普曼　一九五九年

名人小視窗

沃爾特·李普曼（Walter Lippmann）（西元一八八九年——一九七四年）美國專欄作家，政論家。西元一八八九年九月二十三日生於紐約，一九七四年十二月十四日卒於大地。畢業於哈佛大學。一九一〇年開始從事新聞工作。一九二一年——一九三一年任紐約《世界報》編輯、主編。九年間撰寫社論一千兩百餘篇。一九三一年為《紐約先驅論壇報》撰寫「今日與明日」專欄，被國內外兩百五十多家報紙轉載。一九六三年一月，「今日與明日」轉到《新聞週刊》刊載。一九六七年三月二十五日刊出最後一期專欄。該專欄在美國報業史上歷時最久，影響最大，深受外重視。一九六七年退休後，繼續為《新聞週刊》撰寫評論。一生著作近三十種。曾兩次獲普立茲獎。

演講辭

因為我們是具有美國自由傳統的報人，我們闡述新聞的方法不是以事實去遷就教條。我們靠提出理論和假設，這些理論和假設然後要受到反覆的檢驗。我們提出我們所能想到的最能言之成理的圖景，然後我們坐觀後來的新聞是否能同我們的闡述相吻合。如果後來的新聞與之相吻合，而僅僅在闡述

143

方面有一些小小的變化，那麼我們就算做得很好。如果後來的新聞與之不符，如果後來的新聞推翻了早先的報導，就有兩件事可做。一是廢棄我們的理論和闡述，這是自由的、誠實的人的作為。另一種是歪曲或隱瞞那條難以處理的新聞。

去年夏天，當我在我寓所附近的林間和山坡上散步時，我發覺自己正在遐想對於專於固執己見和每週定期幾次發表見解這種差事，將作何回答、作何解釋和作何辯白。

我聽到批評者們在說：「必須要有那麼一個人自以為知之甚多、而對如此眾多的事情說三道四，這難道不荒唐可笑嗎？你寫的是關於對外政策。你見著那些每天從全世界各地雪片般飛到國務院來的電報了嗎？你出席了國務卿及其顧問們的那些碰頭會了嗎？你是國家安全委員會的成員嗎？你所談到的那些國家的情況又如何呢？你在唐寧街十號當過政嗎？你又如何探聽到克里姆林宮主席團的考慮？你為什麼不承認你是一個局外人，而且因此就概念而言，你是一個大笨蛋？

「那麼，你怎麼敢對你自己政府和別國政府的政策妄加解釋，更不用說擅自批評和反對了。」

「再者，在事務上，你就真有資格神氣十足、絕對正確？當然，問題上機密較少些，而且幾乎所有的政治家都可以晤談，都可以問他們最最令人窘困的問題，他們的回答也會是或坦率或詭詐、不一而足。這些都是沒有問題的。但是，你必須承認，這裡即使沒有許多機密，也會有許多神祕之處。最大的神祕之處就是，今天選民們在想什麼，考慮什麼和要求什麼，到了選舉日那天他們又會想什麼、考慮什麼和要求什麼，還有，他們在各種爭論、勸誠、威脅、允諾和操縱藝術與領導藝術的影響下，又將怎樣想、怎樣考慮和怎樣要求。」

這真是來勢洶洶。然而我在遐想中，不費什麼周折就戰勝了這些批評。

我對批評者說：「夥計，你可要當心，如果你再繼續下去，你就會讓人看到，我們是在一個民主制度下的共和體制中生活、並且人人都應當被允許投票選舉，而這一切竟成了荒唐可笑的了。你就會否定民主原則本身，這一原則堅信局外人應當獨立自主於當局者。由於你得出了這種結論，那些因為是局外人而成了大笨蛋的人民，就沒法來管理他們自己了。」

批評者又反問：「更有甚者，你將證明甚至連當局者也沒有資格明智的管理人民。因為當局者人數很少，也許最多只有四十人，他們能看到（或者起碼是有資格看到）雪片般飛往國務院的電報。當你想到這點時，又有多少參議員、眾議員、州長和市長能看到你所談論的這些電報呢？他們對於應當由誰來領導我們的事情，都有強烈的見解。

「你是否意識到，在大多數世界事務中，我們全都是局外人和大笨蛋，甚至那些身居高位的當局者也是如此？國務卿可以看任何一份他感興趣的美國檔。但是他看了其中的多少呢？就算他看了美國的檔，他也不能看英國的、加拿大的、法國的、德國的、中國的和俄國的。然而他必須做出決定，這些決定同和平和戰爭利害相關。國會是看不到多少檔的，但是國會對這些決定也要做出自己的決定。」於是，在我的遐想之中，我便認定這位出言鋒利的批評家對於人類普遍的無知程度採取了一種十足的低姿態。然後我對他進行反擊，並措辭得當地為華盛頓記者的存在進行了辯護。

我說：「如果國家是在人民的贊同下得以管理的，那麼人民對於管理他們的人要求他們贊同的事情必須就要形成見解。他們是怎樣做到這一點的呢？」

「他們是靠聽收音機和讀報紙，看看記者們對於在華盛頓、在全國以及全世界發生的事情都告訴他們些什麼。我們記者在這裡具有舉足輕重的作用。

在興趣所及的某些領域，我們以由表及裡、由近及遠的探求為己任，我們去推敲、去歸納、去想像和推測內部正在發生什麼事情，它昨天意味著什麼，明天又可能意味著什麼。

　　「在這裡，我們所做的只是每個主權公民應該做的事情，只不過其他人沒有時間和興趣來做罷了。這就是我們的職業，一個不簡單的職業。我們有權為之感到自豪，我們有權為之感到高興，因為這是我們的工作。」

終有一天我們不能再忍受了

［美國］馬丁路德·金恩　一九五五年

名人小視窗

　　馬丁路德·金恩（Martin Luther King）（一九二九年 —— 一九六八年），美國黑人牧師，美國黑人民權運動領袖，諾貝爾和平獎獲得者，他領導了美國一九五〇、一九六〇年代的民權運動。極力主張非暴力主義。

　　本篇是一九五五年十二月五日在阿拉巴馬州蒙哥馬利的演講。

演講辭

　　我們今晚聚在這裡，是為了嚴肅的事情。我們聚集在這裡，從一般意義來說，首先而且最重要的是因為我們是美國公民，我們決心要得到完整意義的公民權利。我們今天聚在這裡，還因為我們有一個根深蒂固的信念：民主從一張薄紙變成實在的行動，才是世界上最偉大的政府形式。

　　人們終有一天不能再忍受了。我們今晚聚集在這裡，是要向長久以來不公平的對待我們的人說：我們不能再忍受了 —— 不能忍受受到隔離和屈辱，不能忍受被壓迫者殘暴的腳踢來踢去。

　　朋友們，終有一天，人們再也不能忍受被拋進屈辱的深淵，經受冷酷的、無期的絕望。終有一天，人們再也不能忍受被趕離七月的晨曦，遺棄在

147

高山上十一月的刺骨寒風之中。

我們別無選擇，只有抗爭一途。多年來，我們表現了驚人的耐心。有時候，我們令白人兄弟以為，我們是喜歡受到這樣的對待。但是我們今晚來到這裡，是要放棄這種使我們忍耐任何不自由和不公平的耐心。

民主值得讚頌的偉大要素之一，是為了爭取權利而進行抗爭的權利。

那些組織（白人公民聯合會和三Ｋ黨）進行的抗爭，是為了永遠延續社會上的不公平；我們進行的抗爭，是為了催生社會上的公平。他們的做法引向暴力和非法行為。但是在我們的抗爭中，我們不會燒十字架。沒有白人會被一群戴著兜帽的黑人暴徒從家裡拖出來殘暴殺害。我們不會採取威脅和恫嚇的手段。我們將以法治的最高原則作為指引。

我們的做法是勸服，而不是強制。我們只是要向人們說：「請你們以良心為指引。」我們的行動必須以基督教信仰的最深層原則作為指引。愛心是我們規範一切的理想。我們一定要再次聽從千百年來一直傳頌的耶穌基督的話（「愛你的敵人，祝福詛咒你的人，為心存惡意的利用你的人祈禱」）。如果我們做不到這樣，我們的抗爭將成為歷史舞台上一場沒有意義的戲劇，留下的記憶將會裹著可恥的醜惡外衣。儘管我們遭受了不公平的對待，但我們不要心懷怨恨，仇視我們的白人兄弟。正如布克・華盛頓所說：「不要讓人使你降低到仇恨他的地步。」

我們所做的是沒有錯的。如果我們是錯的，我國的最高法院也錯了。如果我們是錯的，美國的憲法也錯了。如果我們是錯的，全能的上帝也錯了。如果我們是錯的，耶穌基督只不過是一個從未涉足地球的烏托邦空想家。

如果你們勇敢，同時有尊嚴的，懷著基督的愛心進行抗爭，那麼，等到以後撰寫歷史的時候，歷史學家會擱筆讚歎說：「那時候有一個偉大的民族 —— 一個黑人民族 —— 為文明灌注了新的意義和尊嚴。」這就是我們的挑

戰，也是我們壓倒一切的責任。

我有一個夢想

[美國] 馬丁路德‧金恩　一九六三年

名人小視窗

這篇演講是金於一九六三年三月二十八日在華盛頓林肯紀念堂前舉行的示威集會上發表的。

演講辭

一百年前，一個偉大的美國人簽署了《解放奴隸宣言》。我們正站在他的象徵性的影子之中。那篇重要的宣言，對於數以百萬計處在不公正火焰煎熬摧殘下的黑人奴隸，確實是一盞發出希望之光的耀眼明燈。他結束了奴隸生活的漫漫長夜，帶來了令人歡欣的黎明。

但是，一百年後，我們依然面對一個可悲的事實：黑人仍然沒有得到自由。一百年後，黑人還是被種族隔離的鐐銬和歧視的鎖鏈束縛著站不起來。一百年後，黑人只能生活在物質繁榮的大海洋之中一個貧窮不堪的孤島上。一百年後，黑人仍然被冷落在美國社會的邊緣角落，好像是在自己遭到放逐一樣。因此，我們今天來到這裡，是為了引起人們注意這種令人震驚的狀況。

在某種意義上，我們是到我國首都來兌現一張支票。當我們共和國的締

造者寫下《憲法》和《獨立宣言》兩份光輝檔案的時候，他們等於是簽了一張由每一個美國人繼承的支票。這張支票是一個承諾，保證人人享有生命、自由、追求快樂等不可剝奪的權利。

很明顯，今天，對有色人種公民來說，這張支票沒有兌現。美國沒有履行這一神聖義務，而是給了黑人一張空頭支票，這張支票被退了回來，寫著「存款不足」。但是，我們不肯相信正義的銀行已經破產。我們不肯相信，這個國家巨大的機會之庫竟然會存款不足。因此，我們現在是來兌現這張支票── 我們一拿出這張支票，就應該得到自由中的富有、公平中的安全。我們來到這個神聖的地點，也是為了提醒全美國人民此時此刻的緊迫性。再也沒有時間允許我們慢條斯理的冷靜下來，沒有時間等待漸進主義的鎮靜劑發揮作用了。

現在，是使民主的許諾變成事實的時候了。

現在，是從黑暗、淒慘的種族隔離深谷走出來，走上陽光普照的種族公平之路的時候了。

現在，是向所有上帝的子民打開機會之門的時候了。

現在，是把我們國家從種族不公正的流沙中拉起，放在人人皆兄弟的堅固磐石上的時候了。

如果國人忽視當前的緊迫性，低估黑人的決心，後果將不堪設想。這個由於黑人的合理不滿而特別炎熱的夏天，在自由、平等的清涼秋天來臨之前，是不會過去的。一九六三年不是一個終點，而是一個起點。有些人以為，黑人只需要發洩一下消消怒氣，就會滿足了，但是如果國人不予理會，一切照常的話，有一天他們將會愕然驚醒。在黑人獲得他們的公民權利之前，美國是不會得到安寧的。反抗的風暴將繼續動搖我們國家的基礎，直到我們迎來正義的光明日子。

但是，我也要向我的站在正義殿堂溫暖大門前的同胞說幾句話。在爭取我們的正當地位的過程中，我們不要做出非法的行為。我們不要喝充滿仇恨和苦痛的杯子裡的水來滿足我們對自由的渴望。我們一定要永遠站在有尊嚴、守紀律的高度來進行我們的鬥爭。不要讓我們的創造性抗爭蛻變成為暴力行動。我們一定要一次又一次達到崇高的頂點，以精神力量戰勝物質力量。不要讓充塞在黑人社區的那種激動人心的新戰鬥精神使得我們對所有白人都不信任，因為我們的許多白人兄弟，正如他們今天來到這裡所證明，也都認識到，他們的命運與我們的命運是連在一起的，他們的自由與我們的自由是分不開的。我們不能獨自走自己的路。

　　在我們前進的路上，我們要立誓，我們將義無反顧，勇往直前。有人問我們這些為民權而獻身的人：「你們什麼時候才感到滿足？」只要黑人還受害於駭人聽聞的員警暴力，我們就絕不會滿足。只要我們在旅途上的疲憊身軀不能住進公路旁的旅店和城市裡的大飯店，我們就絕不會滿足。只要黑人的基本流動性只是從小貧民區搬到大貧民區，我們就絕不會滿足。只要在密西西比州有一個黑人不能投票，只要紐約州有一個黑人覺得沒有什麼值得他去投票，我們就絕不會滿足。不，不，我們不會滿足，在公平好像流水、正義好像激流一樣滾滾而來之前，我們不會滿足。

　　我不是不知道，你們之中有的人來到這裡，是經歷了重大的考驗和磨難。你們有的剛剛從狹小的牢房釋放出來。你們有的來自其他地方，在你們追求自由的鬥爭中遭到暴風雨般的迫害摧殘，在員警暴行的狂風中步履維艱。你們是經歷過創造性苦難的老鬥士。不該受的苦難可以為自己贖罪，懷著這個信念，繼續努力吧！

　　回到密西西比，回到亞拉巴馬州，回到南卡羅萊納州，回到喬治亞州，回到路易斯安那，回到北部城市的貧民窟、貧民區吧！我們知道，這種情況

是能夠而且遲早總會改變的。我們不要在絕望的深谷裡沉淪。

今天，朋友們，我要告訴你們，儘管此時此刻我們困難重重、挫折不斷，但是我仍然有一個夢想，一個深深扎根在美國夢之中的夢想。

我有一個夢想：有一天，這個國家會騰升起來，真真正正的實行我們的立國準則 —— 「我們認為這些真理是不言而喻的：人人生而平等。」

我有一個夢想：有一天，在喬治亞州的紅色山丘上，從前奴隸的子孫和從前奴隸主的子孫能夠像兄弟一樣共坐一桌。

我有一個夢想：有一天，連密西西比這樣一個在不公平和壓迫之下悶熱不堪的沙漠之州，也會變成一個自由、公平的綠洲。

我有一個夢想：有一天，我的四個孩子能夠住在這樣一個國家 —— 別人對他們的評價，不是基於他們的膚色，而是基於他們的品格。

今天，我有一個夢想。

我有一個夢想：當前，阿拉巴馬州的州長還是滿口反對、拒絕，有一天，這個州也會轉變成這樣一種狀況 —— 黑人小男孩和黑人小女孩，與白人小男孩和白人小女孩，能夠像兄弟姐妹一樣，手拉著手一起在路上走。

今天，我有一個夢想。

我有一個夢想：有一天，每一條山谷都升高，每一座山峰都降低，地勢崎嶇的地方變得平坦，彎彎曲曲的地帶變得筆直，而上帝的光輝得以展現，讓所有人都看得見。

這就是我們的希望。這就是我要帶回南部的信念。懷著這個信念，我們就能夠從絕望的大山中劈出一塊希望的岩石。懷著這個信念，我們就能夠使我們國家裡喋喋不休的吵鬧變成優美的兄弟情誼交響樂。懷著這個信念，我們就能夠一起努力，一起祈禱，一起奮鬥，一起進監獄，一起挺身爭取自由，因為我們知道，我們終有一天會得到自由。

到了那一天，所有上帝的子民就能夠以新的含義唱出這首歌：

我的祖國，我為你，

美好自由的土地，

我為你歌唱：

這片土地掩埋著我的祖先，

這片土地是先輩移民的驕傲，

讓每一處山坡，

響徹自由的回聲。

美國要想成為一個偉大的國家，就一定要做到這樣。所以，讓自由的回聲響徹新罕布夏州連綿不絕的山丘吧！讓自由的回聲響徹紐約州的崇山峻嶺吧！讓自由的回聲響徹賓夕法尼亞州高聳的阿勒格尼山脈吧！

讓自由的回聲響徹科羅拉多州白雪皚皚的洛磯山脈吧！

讓自由的回聲響徹加州逶迤起伏的山峰吧！

這樣還不夠；讓自由的回聲響徹喬治亞州的斯通山吧！

讓自由的回聲響徹田納西州的盧考特山吧！

讓自由的回聲響徹密西西比州的每一座大山小丘吧！讓每一處山坡都響徹自由的回聲吧！

如果我們讓自由的回聲響徹四方，如果我們讓它響徹每一個大小村莊、每一個州和每一個城市，我們就能加快這樣一天的到來，在這一天，所有上帝的子民，黑人和白人，猶太人和非猶太人、基督教徒和天主教徒，都能夠手牽著手，共同唱出黑人老聖歌中的歌詞：「終於自由了！終於自由了！感謝全能的上帝，我們終於自由了！」

和平、非暴力與兄弟情誼

[美國] 馬丁路德・金恩　一九六四年

名人小視窗

馬丁路德　金恩是美國非暴力民權運動領袖。一九六四年獲諾貝爾和平獎。挪威諾貝爾獎委員會主席宣稱：「他是西方世界中告訴我們可以不用暴力而進行鬥爭的第一人。他是在其鬥爭過程中將兄弟之愛的資訊變成現實的第一人，而且他把這種資訊帶給了所有的人，所有的國家與種族。」

本文是他一九六四年獲諾貝爾和平獎時的演講。

演講辭

今天，我以受託人的身分來到奧斯陸，心情激動，充滿了獻身人類的新的勇氣。我代表所有熱愛和平與兄弟情誼的人們接受這個獎。我之所以說我以受託人的身分來到這裡，是因為，在我的內心深處，我意識到這個獎絕不僅僅是我個人的榮譽。

每當乘坐飛機，我總是想到那些使我們能夠順利完成旅程的許許多多的人們 —— 熟知的駕駛員和默默無聞的地勤人員。你們對那些為我們鬥爭作出奉獻的駕駛員表示敬意：當自由運動的飛機直衝雲霄時，他們坐在控制台前。你們對南非的盧圖利族長一再表示敬意：他為了人民而同他的人民一起

戰鬥，但是這種戰鬥卻遭受到最殘暴的非人對待。你們對地勤人員表示敬意：沒有他們的辛勞和犧牲，飛向自由的飛機就永遠不會離開地面。他們中的絕大多數都永遠不會成為報紙的頭條新聞，他們的名字絕不會出現在「名人錄」中。但是，隨著光陰的流逝，當耀眼的真理之光照射到我們所生活的這個奇妙的時代時，男男女女們將會知道，孩子將會被告知：我們擁有一塊美麗的國土，善良的人民和高尚的文明。因為上帝的這些謙卑的子民願為正義而受苦受難。

我想阿爾弗雷德·諾貝爾會知道我的意思：我說，我接受這個獎，就像一位博物館館長接受一件珍貴的傳家寶，代表它的真正主人保管它。在它的真正主人們看來，美即是真，真即是美。在他們的眼裡，真正的兄弟情誼與和平之美比鑽石和金銀更加珍貴。

我接受諾貝爾和平獎的時刻，正是美國兩千二百萬黑人從事一場創造性的戰鬥，以結束種族不公正的漫漫長夜的時刻。我代表民權運動接受這個獎，這個運動正以堅定的信念和蔑視危險的勇氣向前發展，目標是建立一個自由的王國與公正的制度。我深知，恰恰是在昨天，在阿拉巴馬州的伯明罕，我們的那些呼喚兄弟情誼的孩子們卻受到消防水龍的噴射、警犬的吠咬乃至死亡的回擊。我深知，恰恰是在昨天，在密西西比州的費拉德爾菲亞，那些爭取選舉權的年輕人卻受人虐待和被殺害。恰恰是在昨天，只是在密西西比州就有四十多座禮拜堂被炸毀和焚燒，其原因是它們給那些不接受種族隔絕的人提供了庇護所。我深知，令人萎靡不振和痛苦不堪的貧困折磨著我的人民，將他們束縛在經濟的深淵之中。

因此，我必須問為什麼授獎給這樣一個運動：它正遭受圍困，還在不屈不撓的堅持戰鬥。這個運動並沒有獲勝，並未贏得體現著諾貝爾獎精髓的和平與兄弟情誼。

經過沉思之後，我認為，我代表這個運動所獲得的和平獎，是對以下事實的深刻認同：非暴力是對我們時代的至關重要的政治與道德問題的回答——人類必須克服壓迫與暴力，而不訴諸暴力與壓迫。文明與暴力是勢不兩立的觀念。繼印度人民之後，美國的黑人表明：非暴力並非毫無結果的消極被動，而是一種導致社會變遷的強大的道德力量。世界上所有的人或遲或早都要找到一種和平共處的辦法，從而將這首即將來臨的茫茫哀歌變成兄弟情誼的讚歌。如果這就是要實現的目標，那麼，人們就必須為所有的人類衝突找到一種解決辦法，一種排除復仇、侵略和報復的辦法。這種辦法的基礎便是愛。

體現我們的對抗行為的內在精神與外在形式的詞是非暴力。將和平獎授給一個從事鬥爭的人，之所以顯得很恰當，原因無疑就是非暴力這個因素。廣而言之，民權鬥爭中的非暴力意味著不依賴於鬥爭的武器。它意味著對那些體現種族歧視與奴役統治的制度層面的習俗和法律採取不合作的態度……

非暴力還意味著：在近幾年令人痛苦的鬥爭中，我的人民自己忍受痛苦，而不加諸別人。

從真正的意義上說，非暴力尋求消除作為當代人類重大困境的精神與道德的落後狀態（我較早時談過這一點）。它尋求透過道德手段來達到道德目的。非暴力是一種強大而公正的武器。的確，它是歷史上獨一無二的武器：它不僅砍下去時不會造成創傷，而且使揮舞它的人變得高尚。

我今天接受這個獎，心中充滿了對美國的一種永恆的信念和對人類未來的一種勇敢的信念。我不接受這種觀點：失望是對歷史的模糊性的最終反應。我不接受這種觀點：目前人性的「現存狀態」使人在道德上無法企及那種永遠與之相對立的永恆的「應然狀態」。我不接受這種觀點：人只不過是生命的河流中的漂流物和廢棄物，無法對其周圍正在出現的事件發揮任何作用。

因此，我們不僅必須把我們的眼光放在消極的消除戰爭方面，而且必須放在積極肯定和平方面。我們必須明白：和平代表著一種甜美的音樂，一種宇宙的旋律，遠遠勝過戰爭的不諧和音。無論如何，我們必須改變世界大國爭奪的活動，將無人能獲勝的消極的核軍備競賽轉變為積極的競賽，利用人類的創造才能來實現世界各國的和平與繁榮。簡而言之，我們必須將軍備競賽變成「和平競賽」。如果我們有意志和決心去發動這樣一種和平攻勢，那麼，我們將會打開那扇迄今為止仍被緊鎖的希望之門，將迫近的茫茫哀歌變成創造性成就的讚歌。

　　我所說的話歸結為肯定的一點：人類的生存有賴於人類解決種族歧視、貧窮和戰爭問題的能力；而這些問題的解決又會有賴於人類使其道德進步與科學進步相一致，有賴於人類學會在和諧中生活的實際藝術。

火炬已經傳給美國新一代

[美國] 甘迺迪　一九六一年

名人小視窗

約翰‧甘迺迪（John Fitzgerald Kennedy）（一九一七年 —— 一九六三
年），美國第三十五任總統，民主黨人。一九一七年五月二十九日出生於麻
塞諸塞州波士頓市郊的布魯克林。畢業於哈佛大學。一九四六年當選為眾議
員，一九五二年當選為參議員，一九六一年當選為美國歷史上最年輕的總
統。一九六三年在達拉斯遇刺身亡。他入主白宮剛剛超過一千天就遇刺身
亡，因而也是美國總統中去世最年輕的一位。

這篇演講是一九六一年一月二十日甘迺迪在華盛頓宣誓就任總統時發表
的，是美國歷史上最精彩的總統就職演講之一。

演講辭

我們今天慶祝的，不是一個黨的勝利，而是對自由的禮讚，象徵著一個
終結，也是一個開始，標誌著要重新開始，進行變革改造。我在大家面前、
在全能的上帝面前宣了誓，這莊嚴的誓詞是我們的先輩在一百七十餘年前定
下來的。

現在的世界已經很不同了。人類的手中，掌握著消滅一切形式的人類貧

159

困和一切形式的人類生命的力量。然而，我們的先輩為之而奮鬥的革命信念，卻仍然在全球各地引起爭議。這個信念是：人的權利不是來自政府的慷慨，而是上帝授予我們的。

我們今天一定不要忘記，我們是那第一次革命的繼承人。讓我們的資訊從此時此地傳揚出去，讓朋友和敵人都聽到，火炬已經傳給了美國的新一代，他們是在本世紀內出生，經受過戰爭的鍛鍊，在一個艱苦、充滿仇恨的和平時期受到了磨練，對我們的悠久傳統感到驕傲，不願意看到或者允許向來堅持、今天也仍然在和世界各地堅持的人權慢慢受到毀損。

讓每一個國家都知道，無論它對我們是善意還是惡意，我們將不惜任何代價，挑起任何重擔，排除任何艱辛，支持任何朋友，反對任何敵人，以保證自由的繼續存在與成功……對於那些選擇與我們為敵的國家，我們做出的不是一個承諾，而是一個請求：希望雙方重新開始追求和平，以免科學所釋放的毀滅性邪惡力量在有計畫的或者意外的自我毀滅浩劫中吞沒全人類。

我們絕不能以自己的軟弱來引誘他們。因為，只有當我們的武器是毫無疑問的足夠的時候，我們才能毫無疑問的確信這些武器永遠不會動用。

但是，我們兩個強大的國家集團，對於當前的方向都是不能放心的 ——雙方都為了搞現代武器而承受著過重的負擔，雙方都有理由對殺傷力極大的原子的不斷擴散感到驚駭，然而雙方卻正在互相競賽來改變那個難以捉摸的恐怖均勢，而正是這個均勢才抑制著發動人類最後一場戰爭的冒險。

所以，讓我們重新開始，雙方都記住，文明不是懦弱，是否真誠則總是需要證明的。讓我們永遠不要因為害怕而去談判，但是讓我們永遠不要害怕談判。

讓雙方都探討在哪些問題上我們是一致的，而不要執著於在我們之間有分歧的那些問題。

　　讓雙方從今開始，為檢查和控制武器擬訂認真、精確的建議，把能夠摧毀他國的絕對力量置於所有國家的絕對控制之下。

　　讓雙方發掘科學的奇妙功能，而不是它的恐怖效用。讓我們一起探索星體，征服沙漠，消滅疾病，開發海洋的深處，鼓勵藝術與貿易。

　　讓雙方團結一致，在世界每一個角落，聽從以賽亞的號召：「解下沉重的負擔……讓被壓迫的得到自由。」

　　如果能夠建立一個合作的立足點，逐漸摧毀猜疑的森林，讓雙方聯合起來做一個新的嘗試，不是建立新的力量均衡，而是建立一個新的法治世界，在這個世界裡，強者是公正的，弱者是安全的，和平將得到維護。

　　所有這一切，不會在頭一百天裡完成，不會在頭一千天裡，也不會在這一屆政府的任期內完成，甚至也許不會在我們在這個地球上的有生之年完成。但是，讓我們開始吧！

　　同胞們，我們的努力最終是成功還是失敗，主要靠大家，而不是靠我。自從我國締造以來，每一代的美國人都受到召喚，以行動證明對國家的忠誠。全球各地都有響應號召為國捐軀的美國年輕人的墳墓。

　　現在，號角又在召喚我們了 —— 不是號召我們拿起武器，雖然我們需要武器；不是號召我們去打仗，雖然我們是在戰鬥之中；而是號召我們挑起在曙光中進行長期鬥爭的擔子，年復一年，「在希望中感到喜悅，在磨難中堅忍不拔」，為消滅人類的共同敵人 —— 專制、貧困、疾病和戰爭而奮鬥。

　　我們能不能針對這些敵人結成一個偉大的全球同盟，從北到南，從東到西，為全人類創造更美好的生活？你們願意參加這一歷史性的努力嗎？

　　在世界的歷史長河中，只有少數幾代人承擔了自由受到最大威脅的時候起而捍衛自由的任務，我絕不逃避，而是歡迎這個責任。我不相信我們之中有任何一個人，會願意跟另一個人或者另一代交換位置。我們在這個努力中

展現的力量、信念和獻身精神，將會點亮我們的國家和所有為國家出力的人，我們燃起的火光將會照亮整個世界。

所以，同胞們，不要問國家能夠為你做什麼，要問你自己能夠為國家做什麼。

我同時向全世界人民說，不要問美國會為你做什麼，而是我們大家一起問，能夠為人類的自由做什麼。

最後，無論你是美國公民還是世界公民，請你們要求我們展現出堅定的、高度犧牲的精神，這也是我們要求於你們大家的。我們唯一肯定能夠得到的回報，是一個無愧的良心，歷史是我們行為的最終判決者，讓我們領導著這片我們熱愛的土地，邁步向前。我們需要上帝給予我們祝福和幫助，但是我們知道，上帝在人間的工作，只能靠我們自己來完成。

責任 —— 榮譽 —— 國家

[美國] 麥克阿瑟　一九六二年

名人小視窗

道格拉斯・麥克阿瑟（Douglas MacArthur）（西元　八八○年——一九六四年），美國五星上將。第二次世界大戰中，擔任美國遠東軍司令。二戰後，任盟國駐日本占領軍總司令。美國發動的韓戰時，出任侵朝「聯合國軍」總司令。

麥克阿瑟還是一位富有熱情的演說家。這篇演說發表於一九六二年五月二日，八十二歲高齡的麥克阿瑟回到闊別多年的母校 —— 西點軍校，接受美國軍事學院的最高榮譽獎 —— 西爾韋納斯・塞耶榮譽勳章，並在授勳儀式上發表了這次最動人也是最後的公開演講。

演講辭

今天早晨，我走出旅館時，看門人問道：「將軍，您上哪裡去？」一聽說我到西點時，他說：「那是個好地方，您從前去過嗎？」

這樣的榮譽是沒有人不深受感動的。長期以來，我從事這個職業，我又如此熱愛這個民族，這樣的榮譽簡直使我無法表達我的感情。然而，這種獎賞主要的並不意味著尊崇個人，而是象徵一個偉大道德情操 —— 捍衛這塊

163

可愛土地上的文化與古老傳統的那些人為的行為與品質的準則。這就是這個大獎章的意義。從現在以及後代來看，這是美國軍人的道德標準的一種表現。我一定要遵循這種方式，結合崇高的理想，喚起自豪感，也要始終保持謙虛……

責任 —— 榮譽 —— 國家。這三個神聖的名詞尊嚴的命令您應該成為怎樣的人，可能成為怎樣的人，一定要成為怎樣的人。它們是您振奮精神的轉振點，當您似乎喪失勇氣時鼓起勇氣，似乎沒有理由相信時重建信念，幾乎絕望時產生希望。遺憾的是，我既沒有雄辯的辭令，詩意的想像，也沒有華麗的隱喻向你們說明它們的意義。懷疑者一定要說它們只不過是幾個名詞，一句口號，一個浮誇的短詞。每一個迂腐的學究，每一個蠱惑人心的政客，每一個玩世不恭的人，每一個偽君子，每一個惹是生非者，很遺憾，還有其他個性完全不同的人，一定企圖貶低它們，甚至達到愚弄、嘲笑它們的程度。

但這些名詞卻能完成這些事。它們建立您的基本特性，它們塑造您將來成為國防衛士的角色；它們使您堅強起來，認清自己的懦弱，而且，讓您勇敢面對自己的膽怯。它們教導您在真正失敗時要自尊，要不屈不撓；勝利時要謙和，不要以言語代替行動，不要貪圖舒適；要面對重壓以及困難和挑戰的刺激；要學會巍然屹立於風浪之中，但是，對遇難者要寄予同情，要律人得先律己；要有純潔的心靈，崇高的目標；要學會笑，不要忘記怎麼哭；要長驅直入未來，可不該忽略過去；要為人持重，但不可過於嚴肅；要謙遜，這樣您就會記住真正偉大的淳樸，真正智慧的虛心，真正強大的溫順。它賦予您意志的韌性，想像的品質，感情的活力，從生命的深處煥發精神，以勇敢的優勢克服膽怯，甘於冒險勝過貪圖安逸。它們在你們心中創造奇境，意想不到的無盡無窮的希望，以及生命的靈感與歡樂。它們以這種方式教導你

們成為軍官或紳士。

您所率領的是哪一類士兵？他們可靠嗎？勇敢嗎？他們有能力贏得勝利嗎？他們的故事您全部熟悉，那是美國士兵的故事。我對他們估計是多年前在戰場上形成的，至今並沒有改變。那時，我把他看作世界上最高尚的人物，現在，仍然這樣看待他，不僅是具有最優秀的軍事品德，而且也是最純潔的一個人。他的名字與威望是每一個美國公民的驕傲。在青壯年時期，他獻出了一切人類所能給予的愛情與忠貞。他不需要我與其他人的頌揚，他自己用鮮血在敵人的胸前譜寫自傳。可是，當我想到他在災難中的堅韌，在戰火裡的勇氣，勝利中的謙虛，我滿懷的讚美之情是無法言狀的。他是歷史上一位成功的愛國者的偉大典範，他是後代的 —— 作為對子孫進行解放與自由主義的教導者，現在，他把美德與成就獻給我們。在二十次戰役中，在上百個戰場上，圍繞著成千堆的營火，我親眼目睹不朽的堅忍不拔的精神，愛國的自我克制以及不可戰勝的決心，這些已經把他的形象銘刻在他的人民的心坎上。從世界的這一端到那一端，從天涯到海角，我們已經深深喝乾勇敢的美酒。

這幾個名詞的準則貫穿著最高的道德準則，並將經受任何為提高人類而傳播的倫理或哲學的檢驗。它所要求的是正確的事物，它所制止的是錯誤的東西。高於眾人之上的戰士要履行宗教修練的最偉大的行為 —— 犧牲。在戰鬥中，面對著危險與死亡，他顯示出造物者按照自己意願創造人類時所賦予的品質，只有神明的援助能支持他，任何肉體的勇敢與動物的本能都代替不了。無論戰爭如何恐怖，召之即來的戰士準備為國捐軀是人類最崇高的進化。

現在，你們面臨著一個新世界 —— 一個變革中的世界。人造衛星進入星際空間，星球與導彈標誌著人類漫長的歷史開始了另一個時代 —— 太空時

代的篇章。自然科學家告訴我們，花費了五十億年或更長的時期中造成的地球，在三萬萬年才出現人類，再沒有比現在發展得更快、更偉大的了。我們現在不但是從這個世界，而是涉及不可估量的距離，還要從神祕莫測的宇宙來論述事物。我們正在伸向一個嶄新的無邊無際的界限。我們談論著不可思議的話題：控制宇宙的能源，讓風與潮汐為我們工作；創造空前的合成物質，補充甚至代替古老的基本物質；淨化海水供我們飲用；開發海底作為財富與糧食的新基地；預防疾病，延長壽命幾百歲；調節空氣，使冷熱晴雨分布均衡……使生命成為有史以來最扣人心弦的那些夢境與幻想。

透過所有這些巨大的變化和發展，你們的任務就是堅定與不可侵犯的——贏得我們戰爭的勝利。你們的職業中只有這個生死攸關的獻身，此外，什麼也沒有。其餘的一切公共目的、公共計畫、公共需求，無論大小，都可以尋找其他的方法去完成；而你們就是訓練好參加戰鬥的，你們的職業就是戰鬥——決心取勝。在戰爭中明確的認識就是為了勝利，勝利是任何都代替不了的。假如您失敗了，國家就要遭到破壞，唯一纏住您的公務職責就是責任——榮譽——國家。其他人將爭論著國內外的，分散人的思想的爭論的結果，可是，您將安詳、寧靜的屹立在遠處，作為國家的衛士，作為國際矛盾的怒潮中的救生員，作為戰鬥的競技場上的領導人。一個半世紀以來，你們曾經防禦、守衛、保護著解放與自由、權力與正義的神聖傳統。讓平民的聲音來辯論我們政府的功過，是否因聯邦的家長式統治力量過大，權力集團發展過於驕橫自大，政治太腐敗，罪犯太猖獗，道德標準降得太低，捐稅提得太高，極端分子的偏激衰竭；我們個人的自由是否像完全應有的那樣完全徹底，這些重大的國家問題無須你們的職業去分擔或軍事來解決。你們的路標——責任——榮譽——國家，這抵得上夜裡的十倍燈塔。

你們是聯繫我國防禦系統全部機構的發酵劑。從你們的隊伍中湧現出戰

爭警鐘敲響時刻手操國家命運的偉大軍官。從來也沒有人打敗過我們。假如您這樣做，一百萬身穿橄欖色、棕卡其、藍色和灰色制服的靈魂將從他們的白色十字架下站起來，以雷霆般的聲音響起神奇的詞句：責任 —— 榮譽 —— 國家。

這並不意味著你們是戰爭販子。相反，高於眾人之長的戰士祈求和平，因為他必須忍受戰爭最深刻的傷痛與瘡疤。可是，在我們的耳邊經常響起大智大慧的哲學之父柏拉圖的不祥之言：「只有死者看到戰爭的終結。」

我的年事漸高，已過黃昏。我的過去已經消失了音調與色彩，它們已經隨著往事的夢境模模糊糊的溜走了。這些回憶是非常美好的，是以淚水洗滌，以昨天的微笑撫慰的。我的渴望的耳朵徒然聆聽著微弱的起床號聲的迷人旋律，遠處咚咚作響的鼓聲。在我的夢境裡，又聽到劈啪的槍炮聲、咯咯的步槍射擊聲、戰場上古怪而憂傷的低語聲。可是，在我記憶的黃昏，我總是來到西點，那裡始終在我的耳邊迴響著：責任 —— 榮譽 —— 國家。

今天標誌著我最後一次檢閱你們。但是，我希望你們知道，當我死去時，我最後內心深處一定是這個部隊的 —— 這個部隊的 —— 這個部隊的。

我向你們告別了。

我願為這一理想而獻身

[南非] 納爾遜·曼德拉　一九六四年

名人小視窗

納爾遜·曼德拉（Nelson Rolihlahla Mandela）（一九一八年——二〇一三年），南非律師、政治活動家、總統。

納爾遜·羅利拉拉·曼德拉，一九一八年七月十八日出生於南非特蘭斯凱一個部落酋長家庭。一九三八年進入黑爾堡學院，後又就讀於威特沃特斯蘭德大學，獲法學學士學位。

曼德拉自幼性格剛強，崇敬民族英雄。他是家中長子而被指定為酋長繼承人。但他表示：「絕不願以酋長身分統治一個受壓迫的部族」，而要「以一個戰士的名義投身於民族解放事業」。他毅然走上了追求民族解放的道路。曼德拉一九四四年參加主張非暴力鬥爭的南非非洲人國民大會（簡稱非國大）。一九四八年當選為非國大「青年聯盟」的全國書記，一九五〇年任非國大「青年聯盟」全國主席。一九五二年先後任非國大執委、特蘭士瓦省主席、全國副主席。同年年底，他成功組織並領導了「蔑視不公正法令運動」，贏得了全體黑人的尊敬。

一九六一年六月曼德拉創建非國大軍事組織「民族之矛」，任總司令。一九六二年八月，曼德拉被捕入獄，南非政府以「煽動」罪和「非法越境」

罪判處他五年監禁。一九六四年六月，他又被指控犯有「企圖以暴力推翻政府」，改判為無期徒刑。在獄中長達二十七個春秋，他備受迫害和折磨，但始終未改變反對種族主義、建立一個平等、自由的新南非的堅強信念。

　　一九九一年聯合國教科文組織授予曼德拉「烏弗埃－博瓦尼爭取和平獎」。一九九三年十月，諾貝爾和平委員會授予他諾貝爾和平獎，以表彰他為廢除南非種族歧視政策所作出的貢獻。同年他還與當時的南非總統德克勒克一起被授予美國費城自由勳章。一九九八年九月曼德拉訪美，獲美國「國會金獎」，成為第一個獲得美國這個最高獎項的非洲人。二○○○年八月被南部非洲發展共同體授予「卡馬」勳章，以表彰他在領導南非人民爭取自由的長期鬥爭中，在實現新舊南非的和平過渡階段，以及擔任南共體主席期間做出的傑出貢獻。

演講辭

　　我們奮起抗爭的是真正的而不是想像中的艱難困苦，也不是國家檢察官所稱「所謂的困苦」。我們與之鬥爭的兩個問題是南非非洲人生活的標誌，由於有立法支援，這兩個問題冥頑不靈，所以我們要廢除這些法律。這兩個問題就是貧窮以及個人尊嚴的缺乏。在這兩方面，我們不需要共產主義者或是所謂的「鼓動家」來開導我們。

　　南非白人享有的生活水準或許是世界上最高的，而黑人卻生活在貧窮悲慘的境地。百分之四十的黑人住在擁擠不堪的黑人居住區內，有些居住區地處乾旱地區，由於水土流失、過度耕作，人們已不可能靠土地為生。另有百分之三十的黑人是白人農場的勞工、佃戶和寄居者，他們的生活和工作環境與中世紀的奴隸相差無幾。其餘百分之三十的黑人住在城鎮地區，他們的經濟和社會生活方式在很多方面較接近於白人標準。然而在約翰尼斯堡，有百

分之四十六的黑人家庭的收入難以維持生計。

　　但是，南非黑人抗議的不僅僅是黑人窮、白人富這一現狀，更令他們不滿的是那些由白人制定、旨在維持這一現狀的法律。脫貧之路有兩條：一是接受正規教育，二是工人獲得更高技術以便得到高薪工作。就南非黑人而言，這兩條向上發展之路均受到立法的蓄意限制。

　　現政府一貫想盡辦法阻礙黑人接受教育。所有白人兒童都享有義務教育，家長無論貧富，幾乎不用承擔任何費用。而黑人兒童就沒有類似的有利條件。一九五三年，現任總理曾在當時有關《班圖教育法》的辯論中聲稱：「我掌握了土著人教育後，將對其進行改革，目的是要土著人從兒童時代就意識到，他們不可能與歐洲人處於平等位……信奉平等者不宜成為教土著人的教師。由我領導的教育部掌握了土著人教育後，它會知道哪一級別的高等教育適合土著人，知道土著人是否有機會在生活中運用所學知識。」

　　提高南非黑人經濟地位的另一主要障礙是工業部門存在的膚色壁壘，它們把所有好工作都留給了白人。而且，雖然《工業和解法》承認工會，但黑人卻不能組織工會。面對批評，政府常常辯白說，南非黑人在經濟上要好於非洲其他國家的居民。我們的不滿之處並不是我們比其他國家的人民窮這一問題，而是不滿意我們比本國的白人窮這一現狀，不滿意法律阻止我們改變這種不平衡狀況。

　　由於《通行證法》，每年有成千上萬的南非黑人被關進監獄。更為糟糕的是，《通行證法》導致夫婦分居兩地，家庭生活破裂。

　　貧窮和家庭生活破裂引發了負面效應。孩子們無學可上，或是無錢上學，或是由於父母雙方（如果有雙方的話）為維持生活不得不雙雙工作而無暇督促孩子上學，因此孩子們便在街上遊逛。其結果是，道德準則崩潰，文盲率驚人上升，暴力行為日益嚴重，不僅有政治暴力，而且在其他各方面也

是暴力充斥。城市生活危險不安，每天都有人被刺或遭到襲擊。而且暴力已蔓延至白人居住區。晚上人們不敢在街上獨自行走。雖說現在可對入室偷竊犯和搶劫犯處以死刑，但此類案件仍不斷上升。死刑無法醫治犯罪這塊已潰爛的傷疤，唯一的療法是改變黑人被迫生活於其中的環境，並消除他們合理合法的怨憤。

我們希望成為全體公民的一部分，不希望被禁於黑人貧民區內。黑人男子希望妻兒能在其工作地點一起生活，而不願被迫在男人簡易宿舍裡過有悖天性的生活。我們的婦女姐妹希望與其男人、丈夫在一起，而不願被留在黑人居住區內長期守活寡。我們希望能在晚上十一點以後還可自由外出，而不希望像小孩兒似的被關在屋裡。我們希望能在自己的國土上旅行，能隨意去任何地方找工作，而不希望由勞動局指定我們去某地工作。我們希望公正分享南非的一切，我們要求享有安全保障並在社會中占有一席之地。

總之，我們要求享有平等的政治權利，因為沒有這些權利，我們將永遠處於不利境地。我知道，對的白人而言，這聽上去像是鬧革命，因為這樣一來選民的大多數將是黑人。這使使白人害怕民主。但不能讓這種恐懼心理妨礙唯一的解決問題之路，只有這一道路才能保障種族和諧和全體人民的自由。給予全體人民以公民權將導致種族統治，這種觀點是不正確的。基於膚色的政治分裂完全是人為的，一旦它消失，一個種族對另一個種族的統治也將隨之消失。非洲人國民大會與種族主義進行了半個世紀的鬥爭。它一定會取得勝利，但它在勝利後不會改變其政策。

這就是非洲人國民大會的奮鬥目標。我們的鬥爭是一場真正的全民鬥爭。這是南非黑人的鬥爭，其力量源泉是我們的苦難和經歷。這是一場爭取生存的鬥爭。

我將一生獻給了非洲黑人的這場鬥爭。我為反對白人統治而戰，我也為

反對黑人統治而戰。我的理想是建立一個民主、自由的社會，人人和睦共處，人人機會均等。這個理想是我的生活目標，我希望看到它實現的一天。但是，如有必要，我願為這一理想而獻身。

讓我們迎接光明

[美國] 尼克森　一九六九年

名人小視窗

　　理查・尼克森（Francis A. Nixon），生於一九一三年，共和黨人，美國第三十七任總統。出身於加利福尼亞州的一個雜貨店主家族。早年先後就學於惠蒂爾學院及杜克大學，成績優異。就學期間，尼克森就表現出了非凡的活動能力和卓越的演說才能。完成學業後，尼克森初當律師，後參加海軍，並被提升為少校。一九四六年，剛從海軍退役的尼克森即當選為聯邦眾議員。一九五〇年起任聯邦參議員。一九五二年三十九歲的尼克森當選為美國副總統。後幾經波折，於一九六九年當選為美國總統，四年後又獲得了連任資格。這是尼克森在一九六九年一月二十日的首任就職演說。

演講辭

　　德克森參議員、首席法官先生、副總統先生、詹森總統、韓弗理副總統、同胞們 —— 以及國際社會的公民們：

　　今天，我請你們和我一起共度這莊嚴的時刻。值此井然有序的進行權力移交之際，我們盛讚使我們能永享自由的舉國團結一致。

　　歷史的每一個時刻轉瞬即逝，它既珍貴又獨特。可是，其中某些則顯然

173

是揭開序幕的時刻，此時，一代先河得以開創，它決定了未來數十年或幾個世紀的航向。

現在有可能是開創一代先河的時刻。

現在，各方力量正在彙聚起來，這使得人類許多夙願最終能夠實現的希望首次成為可能。

不斷加快的變革速度，使我們能在我們這一代期望過去曾花了幾百年才得以出現的種種進步。

由於我們開闢了太空的天地，我們在地球上也發現了新的天地。

由於世界人民希望和平，世界各國領袖害怕戰爭，因此，目前形勢第一次變得有利於和平。

從現在起，再過八年，美國將慶祝建國兩百週年。在現在大多數活著的人的有生之年，人類將慶祝千載難逢的、輝煌無比的新年 —— 第三個百年盛世的開端。

我們的國家將變成怎樣的國家，我們將生活在怎樣的世界上，我們要不要按照我們的希望來鑄造未來，這些都由我們根據我們的行動和我們的選擇來決定。

歷史所能賜予我們的最大榮譽就是和平締造者這一稱號。這一榮譽現在正在召喚美國 —— 這是領導世界最終脫離動亂的幽谷，走向自文明開端以來人類一直夢寐以求的和平高原的一個機會。

我們若獲成功，下幾代人在談及現在在世的我們時會說，正是我們掌握了這個時機，正是我們協力相助，使普天之下國泰民安。

這是要我們創立宏偉大業的召喚。

我相信，美國人民準備回應這一召喚。

本世紀第二個三分之一的那些年是取得輝煌成就的時期。我們在科學和

工農業方面都取得了長足的進步。我們比以往任何時候都更廣泛分享了我們財富。我們終於學會了怎樣管理現代經濟,確保經濟的持續成長。

我們已將自由擴大到新的領域。我們已開始不僅為白人,而且也為黑人,把自由的許諾變成現實。

我們把明天的希望寄予今天的青年人。我理解美國的青年,我信任他們。我們可以引以為榮的是,和我國歷史上任何一代青年人相比,今天的青年更有教養,更富於獻身精神,更強烈受良心的支配。

沒有一個民族如此接近於建成一個公正而富裕的社會,沒有一個民族如此具有建成這個社會的意志。

我們的力量如此強大,因此我們能坦率的估量自己的弱點,並能滿懷希望的看待這些弱點。

三十多年以前,富蘭克林‧德拉諾‧羅斯福也是站在這個地方,向一個受到經濟蕭條打擊並處於恐懼之中的國家發表了演說。他在審視當時的國難時尚能說:「謝天謝地!這些困難只是物質方面的。」

我們今天的危機恰恰相反。

我們發覺,我們的物質雖然豐富,但精神卻很匱乏;我們以無比的精確性奔向月球,但在地球上卻陷入吵嚷之中。

我們被戰爭所糾纏,因而希望和平。我們四分五裂,因而希望團結。我們見到周圍的人們精神空虛,因而需要充實。我們看到有許多工需要完成,等待著人們去做。

對於精神危機,我們需要用精神來回答。

為了找到答案,我們只需要求諸自身。

當我們在聆聽「我們本性中的善良天使」時,我們發現她們歌頌的是一些簡單的東西、一些基本的東西 —— 如善良、體面、博愛和仁慈。

偉大孕育於質樸無華。

假如我們要克服那些使我們分裂的東西，鞏固那些把我們團結起來的東西，那麼今天最需要的就是做一些簡單的事情。壓低嗓門就是一件簡單的事情。

在這些艱難的年代裡，美國備受狂言高調之苦：難以踐諾的信口開河，煽動不滿與仇恨的偏激言詞，裝腔作勢而不是相勸以善的誇誇其談等等。

如果我們不停止相互叫嚷 —— 如果我們不心平氣和講話，從而使我們說話的聲音和內容都能讓人聽得清楚，我們便不能相互學習。

對政府來說，我們將傾聽一切。我們將透過各種新管道盡力傾聽 —— 默默受苦的聲音、無言傾訴的聲音，傾聽發自肺腑的聲音 —— 備受傷害的聲音、憂慮焦急的聲音、感到無望的聲音。

我們要設法帶領那些被遺棄的人加入我們的行列。

我們要幫助那些落伍的人迎頭趕上。

對全體人民來說，我們要把建立良好的秩序定為我們的目標，從而使進步得以實現，使我們的生活得到保障。

在我們向著我們的希望奮進之際，我們的任務是要在以往的基礎上有所建樹 —— 不是拋開過去，而是朝向未來。

在過去三十多年裡，政府透過的法律、花費的金錢和著手的項目，超過了我國以往歷史上的總和。

在實現充分就業、改善住房條件、施行優良教育的目標方面，在重建城市、改進農業地區條件方面，在保護環境和提高生活品質方面 —— 在所有這些以及其他方面，我們務必加緊步伐，奮勇向前。

我們現在就要有所規劃，以便到時候能把用於國外毀滅性戰爭的錢財轉用於國內人民的急迫需要方面。

美國人的理想絕不會由那些麻木不仁的人來實現。

不過，由政府單槍匹馬的進行工作，已經到達種種極限。

現在，我們最大的需要是超越政府的範圍，爭取大批關心者和獻身者的支持。

凡必須辦的事，就要由政府和人民共同來辦，否則根本無法完成。過去切膚之痛的教訓是，沒有人民的參加，我們就一事無成，而有了人民的參加，我們就無所不能。

為了完成我們的宏圖大業，我們需要人民的力量 —— 不僅賴以開展宏大的計畫，而且更重要的是賴以進行小型而出色的工作，儘管這些工作在地區報紙而不是在全國性報刊上將成為頭條新聞。

有了這些，我們就可以建造宏偉的精神大廈 —— 當我們每個人把手遞給鄰居，幫助他，關心他，為他做事，我們就為這座大廈添了磚加了瓦。

我無意提出一種平庸安逸的生活。我也無意要求你們過一種惱人而做出犧牲的生活。我請求你們參加一項崇高的冒險事業 —— 它同人類本身一樣豐富多彩，同我們所生活的時代一樣激動人心。

自由的要旨是，我們大家共同來決定自己的命運。

任何一個人只有在他成為高於自己的事業的一部分時，才真正是完美無缺的。

通往完善的道路在於運用我們的才能，我們本著這種能激勵我們運用自己才能的精神來達到崇高的境地。

當我們衡量可以完成哪些工作時，我們只能保證我們知道自己能夠完成的那一切，可是我們在制訂目標時，我們的理想將使我們昇華。

任何人在他的鄰居尚未取得自由時，都不可能充分享有自由。真要前進，那就是共同前進。

這意味著白人黑人要一起前進，他們是一個民族，而不是兩個民族。各種法律的制訂已經能反映出我們的良知。尚待完成的是讓法律條文發揮作用，並最終確保每個人在他人面前有天生平等的尊嚴，就像每個人在上帝面前有天生平等的尊嚴一樣。

正如我們懂得在國內我們是共同前進的，讓我們也謀求與全人類一起共同前進。

讓我們把下述內容作為我們的目標：凡是和平不為人們所知的地方，使和平在那裡受到人們的歡迎；凡是和平很脆弱的地方，使它變得牢固起來；凡是和平只是短暫的地方，使和平得以持久下去。

經過一段對抗時期，我們正進入一個談判的時代。

讓所有的國家都知道，在本屆政府任期內，我們的交流通道是敞開的。

我們謀求建設一個開放的世界 —— 對各種思想開放、對物資和人員的交流開放；在這個世界中，任何民族，不論大小，都不會生活在怏怏不樂的孤立之中。

我們並不指望每個人都能成為我們的朋友，可是我們能夠設法使任何人都不與我們為敵。

我們邀請那些很可能是我們對手的人來進行一場和平競賽但不是征服領土或擴展版圖，而是使人類生活豐裕起來。

在我們探索宇宙空間的時候，讓我們一起走向新的世界但不是走向被征服的新世界，而是共同進行一次新的探險事業。

讓我們同那些願意加入這一行列的人一起，共同來減少軍備負擔，加固和平大廈，提高貧窮挨餓的人們的生活水準。

但是，對所有那些見軟就欺的人來說，讓我們不容置疑的表明，我們需要多麼強大就會多強大，需要強大多久，就會強大多久。

自從我作為新當選的國會議員首次來到國會大廈之後的二十多年來，我已經出訪過世界上絕大多數國家。

我結識了世界各國的領導人，了解到使世界陷於四分五裂的各種強大勢力，各種深仇大恨，以及各種恐懼心理。

我知道，和平不會單憑願望就能到來 —— 這需要日復一日、甚至年復一年的進行耐心而持久的外交努力，除此別無他法。

我也了解世界各國人民。

我已經看到無家可歸的兒童在忍饑挨餓，戰爭中掛彩負傷的男人在痛苦呻吟，失去孩子的母親在無限悲傷。我知道，饑餓、痛苦、悲傷是沒有什麼意識形態和種族之分的。

我了解美國。我了解美國的心是善良的。

我從心底裡，從我們國家的心底裡，向那些蒙受不幸和痛苦的人們表達我們的深切關懷。

今天，我在上帝和我國同胞面前宣誓：擁護和捍衛美利堅合眾國憲法。除了這一誓言，我現在還要補充一個神聖的義務：我將把自己的職責、精力以及我所能使喚的一切智慧，一併奉獻給各國之間的和平事業。

讓強者和弱者都能聽到這一資訊。

我們企求贏得的和平不是戰勝任何一個民族，而是「和平天使」所帶來的為治癒創傷的和平；是對遭受苦難者予以同情的和平；是對那些曾反對過我們的人予以諒解的和平；是地球上各族人民都有選擇自己命運的機會和平。

就在幾星期以前，人類如同上帝凝望這個世界一樣，第一次端詳了這個世界，一個在冥冥黑暗中輝映發光的獨特的星球，我們共同分享了這一榮光。

阿波羅號上的太空人在耶誕節前夕飛越月球灰色的表面時，向我們說起

地球的美麗 —— 從穿過月球而傳來的如此清晰的聲音中，我們聽到他們在祈禱上帝賜福人間。

在那一時刻，他們從月球上發出的意願激勵著詩人阿契博得‧麥克列許寫下了這樣的篇章：

「在永恆的寧靜中，那渺小、斑爛、美麗的地球在浮動。要真正觀望地球，就得把我們自己都看作是地球的乘客，看做是一群兄弟，他們共處於漫漫的、寒冷的宇宙中，仰賴著光明的摯愛 —— 這群兄弟懂得，而今他們是真正的兄弟。」

在這個比技術勝利更有意義的時刻，人們把思緒轉向了家鄉和人類 —— 他們從這個遙遠的視角中發現，地球上人類的命運是不能分開的；他們告訴我們，不管我們在宇宙中走得多遠，我們的命運不是在別的星球上，而是在地球上，在我們自己的手中，在我們的心頭。

我們已經度過了一個反映美國精神的漫漫長夜。可是，當我們瞥見黎明前的第一縷曙光時，切莫詛咒那尚未消散的黑暗。讓我們迎接光明吧。

我們的命運所賜予的不是絕望的苦酒，而是機會的美餐。因此，讓我們不是充滿恐懼，而是滿懷喜悅的去抓住這個機會吧 —— 「地球的乘客們」，讓我們以堅定的信念，朝著穩定的目標，在提防著危險中前進吧！我們對上帝的意志和人類的希望充滿了信心，這將使我們持之以恆。

退伍軍人反對越南戰爭

[美國] 約翰・福布斯・凱瑞　一九七一年

名人小視窗

約翰・福布斯・凱瑞（John Forbes Kerry）（一九四四年 —— ），美國人，畢業於耶魯大學，曾參加海軍在越南作戰，多次立功。一九八〇年起任麻塞諸塞州副州長，一九八四年起為聯邦參議員。本篇是一九七一年四月二十二日他在參議院對外關係委員會提供的證詞節選。

演講辭

我想稍微對你們談談，這些人從越南回來後，他們的心情導致了什麼結果。儘管全國還不了解這一點，但它已造就了一股巨大的力量，一股由數百萬人匯成的巨大的力量。這些人被教會了用暴力手段解決問題和進行交往，他們有幸作出了歷史上最大的無謂犧牲，他們帶著迄今無人理解的憤怒和被人出賣的感覺回來了。

作為一名退伍軍人和感受到這種憤怒的人，我想來談談這件事。我們所以憤怒，因為我們感到被政府以最糟糕的形式利用了。

一九七〇年，阿格紐副總統在西點軍校說，「我國的優秀分子在亞洲的稻田裡為維護自由而捐軀，而有些人卻在美化那些與社會格格不入的、誹謗自

由的罪犯。」這句話當時被用來號召美國人在越南作出努力。

　　但是，對我們這些身在亞洲、據稱應該得到國家支援的人來說，他的話卻是一種嚴重的歪曲，只會引起深惡痛絕。所以，我們當中有些人今天才在華盛頓聚集，並感到氣憤。他的話所以是歪曲，因為我們根本不認為自己是這個國家的優秀分子；因為他所說的格格不入者正在用其他人不敢用的方式支援我們；因為許多死者本來會回國加入格格不入者的行列，要求立即撤出南越；因為許多優秀分子回國時已經癱瘓或缺臂斷腿，他們躺在這個國家的退伍軍人管理局的醫院裡遭到了遺忘，而醫院裡飄揚的旗幟被這麼多人當作自己的象徵。我們為自己被召喚到東南亞所做的事而感到羞恥和憤恨，在這樣的時候，我們不能認為自己是美國的優秀分子。

　　根據我們的觀點和經驗，南越沒有發生，也不可能發生任何對美利堅合眾國構成現實威脅的事。透過把美國人在越南、柬埔寨和寮國的生命損失，同維護據說被那些格格不入者所誹謗的自由聯繫起來，以便為這種損失作辯護，這個企圖在我們看來是登峰造極的虛偽和犯罪。我們感到，正是這種虛偽造成了國家的分裂。

　　我們的火氣也許要大得多。我不想涉及外交政策方面，因為我在這裡不夠資格。我知道，你們大家在談論著從越南脫身的所有可能的辦法。我們理解這一點。我們知道，你們已最大限度的考慮了問題的嚴重性，而我也不打算多說什麼。但我要把回到這個國家的許多人的情緒告訴你們，因為最使我們感到憤怒的，也許是我們被告知的關於越南的一切和那場神祕的反對共產主義的戰爭。

　　我們發現那不僅是一場內戰，是一個民族多年來一直為尋求擺脫任何殖民主義勢力而作出的努力，而且我們還發現，我們滿腔熱情用自己的形象加以塑造的越南人並不知道如何同威脅作鬥爭，而據說我們要把他們從這種威

脅中解救出來。

……

我們正在這裡，正在華盛頓請求採取一些行動，請求美利堅合眾國國會採取行動。國會有權招募和維持軍隊，根據憲法，它也有權宣戰。

我們到這裡來，而不是去找總統，因為我們相信這個機構能夠對人民的意志作出響應，我們相信人民的意志是我們現在就應該撤出越南。

我們還要在華盛頓，在這裡說，這場戰爭不只是戰爭和外交問題。它關係到我們作為人類想要告訴這個國家的人民的所有問題，包括軍內盛行的種族主義問題，以及使用武器、假仁假義等許多其他問題；我們虛偽的用日內瓦協議一九五四年在日內瓦會議上達成的關於恢復印度支那各國和平的各項協議的總稱。打掩護，為繼續這場戰爭進行辯解，而我們卻比任何一個違約方更加有罪；我們還利用自由射擊區，進行火力騷擾封鎖，實施搜索殲滅行動、轟炸、折磨和殺害俘虜，這些方針為南越的許多部隊所採納。上述就是我們想要說的話，它關係到所有問題。

我有一位住在阿爾卡特拉絲的印第安朋友，他對我非常直截了當的談到了這個問題。他告訴我，作為印第安人保留地上的一個孩子，他曾經在看電視時常常為來到保留地槍殺印第安人的牛仔們而喝采。然後，突然有一天，他在越南停下了手。他說，「我的天！我正在對這些人做著我的人民曾經遭遇過的同樣的事！」於是他不做了。這就是我們想要說的話，即我們認為這種事必須結束。

我們在這裡還要問一句，還要強烈問一句，我國的領導人在哪裡？領袖們在哪裡？我們在這裡要問，麥納馬拉、羅斯托、邦迪、吉爾派屈克等許多其他人在哪裡？現在，當我們這些被他們送去參加戰爭的人回來後，他們在哪裡？這些指揮官遺棄了部隊，而在軍法中，最大的罪行莫過於此。軍人說

他們絕不離開傷兵。

海軍陸戰隊的士兵說，他們甚至絕不離開陣亡將士。而這些人卻撇開了所有傷亡人員，龜縮到所謂公務廉正的神聖盾牌的後面。其實，他們在自己的身後，在陽光底下，在這個國家，留下了黯然失色的名聲。

最後，這屆政府極大侮辱了我們。他們企圖否認我們，並否認我們為這個國家作出了犧牲。他們昏庸而又恐懼，企圖否認我們是退伍軍人，或否認我們曾在越南服役。我們並不需要他們為我們作證。我們的傷疤和義肢對別人和我們自己都是充分的證明。

我們希望，就像這屆政府輕而易舉的把我們從記憶中抹去一樣，仁慈的上帝也能輕而易舉的把那次服役從我們的記憶中抹去。不過，他們所做的一切，和透過這種否認所能做的一切，就是使我們的決心變得更加明確。這個決心就是：我們要擔當起最後一項使命，要搜尋並消滅這次野蠻戰爭留下的最後痕跡，要安撫我們自己的心靈，要克服十餘年來驅使這個國家的仇恨和恐懼。這樣，到三十年以後，當我們那些缺腿斷臂或毀容的兄弟在大街上行走，而小孩子問這是為什麼時，我們就能夠說出「越南」二字，這兩個字不是意味著荒漠，不是一種邪惡可憎的記憶，而是意味著美國終於轉彎的地方，而我們這樣的士兵曾幫助美國轉了彎。

謝謝你們！

美麗的微笑與愛

[馬其頓] 德蕾莎修女　一九七九年

名人小視窗

德蕾莎修女（Mater Teresia）（一九一〇年 —— 一九九七年）印度著名慈善家，被稱為「貧民區的聖人」。一九七九年獲諾貝爾和平獎。她為了把安全和幸福帶給受苦的人，為了替瀕於死亡的人消除痛苦和恐怖，在慈善機構裡熱心工作幾十年，在世界範圍內建立起一個龐大的慈善機構網，贏得了國際社會的廣泛尊敬。諾貝爾獎委員認為她的特點是：「尊重人，尊重他或她的尊嚴和生來就有的價值。最孤獨的人、最可憐的人和快要死的人都得到她的同情，而這種同情不是以恩賜的態度，而是以對人的尊重為基礎的。」

演講辭

窮人是非常好的人。一天晚上，我們外出，在街上帶回了四個人，其中一個岌岌可危，我告訴修女們說：你們照料其他三人，我照顧這個瀕危的人。這樣，我為她做了我的愛所能做的一切事情。我將她放在床上，她的臉上露出了如此美麗的微笑。她握住我的手，只是說「謝謝您」，隨後就死了。

我情不自禁的在她的面前審視我的良心，我自問：如果我處在她的位置上，會說些什麼呢？我的回答很簡單。我會試圖引起別人對我的一點關注，

185

我會說：我饑寒交迫，奄奄一息，痛苦不堪等等。但是，她給我的要多得多，她將其感激之愛給了我。然後她死了，臉上還帶著微笑。我們從陰溝裡帶回來的那個男人也是這樣。他快要被蟲子吃掉了，我們把他帶回了家。「在街上我活得像動物，但我將像天使一樣死去，因為我得到了愛和照料。」真是太好了，我看到了那個男人的偉大，他能說出那樣的話，能夠那樣的死去：不責備任何人，不辱罵任何人，與世無爭。像一位天使，這便是我們的人民的偉大之處。因此我們相信耶穌所說的話 —— 我饑腸轆轆，我無衣裹身，我無家可歸，我不為人要，不為人愛，不為人管 —— 而你卻對我做了。

我認為，我們並不是真正的社會工作者。在人們的眼中，我們或許是在從事社會工作，但是，我們實際上是在世界的中心沉思冥想的人。因為我們一天二十四小時都在觸摸基督的身體……我想，在我們的家庭裡，我們不需要槍炮彈藥來進行破壞或是帶來和平，我們只需要團結起來，彼此相愛，將和平、喜悅和活力帶回家庭。這樣，我們將能夠戰勝世界上現存的一切邪惡。

我準備以獲得的諾貝爾和平獎金，努力為很多無家可歸的人建立家庭。因為我相信，愛開始於家庭。如果我們可以為窮人建立家庭，我想越來越多的愛將會傳播開來，而且我們將能夠透過這種體諒他人的愛而帶來和平，給窮人帶來福音。這些窮人首先是我們自己家裡的窮人，其次是我們國家和世界上的窮人。為了做到這一點，我們的修女，我們的生命就必須同禱告緊密相連。他們必須同基督結合在一起，這樣才能夠相互諒解和共同分享。因為同基督結合在一起就意味著諒解與分享。因為在今天的世界上有如此之多的痛苦……當我從大街帶回一個饑腸轆轆的人時，給他一盤米飯，一片麵包，我就心滿意足了，因為我已經驅除了那個人的饑餓。但是，如果一個人露宿街頭，他感到不為人要，不為人愛，恐懼不安，被我們的社會所拋棄 —— 這

樣的貧困如此充滿傷害，如此令人無法忍受，我發現這是極其艱難的……」
因此，讓我們經常以微笑相見，因為微笑是愛的開端。一旦我們開始彼此自
然的相愛，我們就想做點事情了。

在關於香港前途問題的
聯合聲明簽字儀式上的講話

[英國] 瑪格麗特·柴契爾　一九八四年

名人小視窗

瑪格麗特·柴契爾（Margaret Hilda Thatcher）（一九二五年——二〇一三年），一九七五年成為英國保守黨的第一位女性領袖。在一九七九年至一九九〇年間出任英國首相，曾因勝利解決福克蘭群島問題而成為英國現代堅強與決心化身的「鐵娘子」。後因對歐洲共同市場的態度分裂了她的內閣而在一九九〇年下台。本篇是她於一九八四年十二月十九日簽署中英聯合聲明儀式上的講話。

演講辭

這是一個具有歷史意義的重大時刻。剛才我們各自代表我們兩國政府簽署了關於香港前途問題的聯合聲明，在香港的歷史上、在英中關係的歷程上以及在國際外交史上都是一個里程碑。這個協議使我們對香港直至一九九七年和一九九七年以後的日子充滿信心，為保持香港的穩定、繁榮和發展奠定了牢固的基礎。

在關於香港前途問題的聯合聲明簽字儀式上的講話

　　我高興記得上次我於一九八二年九月對中國的訪問以及我和中國領導人的會談。那次我們同意就香港前途問題開始會談。我們的共同目標是維護香港的穩定和繁榮。正是懷著對香港前途的自豪和樂觀精神，我再來到簽署這項協定，而這項協定正是我們多次會談的成果。

　　我想你們會同意這一觀點，那就是談判並非總那麼順利。某種角度上說，雙方要做出決定是很困難的，有時也出現緊張氣氛。要克服這些困難，我們需要依靠雙方的誠意、友情和對香港前途問題的共同責任。這是成功的關鍵所在。我謹向由傑佛瑞‧豪爵士和國務委員兼外交部長吳學謙帶領下的兩個談判代表團及所有工作人員的敬業精神表示敬意。正是由於他們所表現出的創造力和智慧，我們今天才能簽署這個協議。

　　這項協議完全符合英中兩國的政治要求，以及香港人民的利益。這項協定提供了一種模式，即香港作為中華人民共和國的一個特別行政區，在一九九七年七月一日以後的五十年當中，將繼續保持其原有的經濟制度和生活方式。這個協議使香港擁有高度的自治權：港人治港；特別行政區擁有立法權。香港可以繼續制訂自己的經濟、金融和貿易政策，並可適當參與國際組織和協定。協議保留了香港所熟知的法律制度及其已享有的權利和自由。總而言之，為了使香港保持其在世界舞台上作為貿易、金融中心的獨特角色，協議提供了香港未來所需要的保障。

　　英國議會和中國的全國人民代表大會常務委員會都認同了協議中的這些特點，並批准了兩國政府進行簽署的意見。香港人民對這份協議進行了充分的開誠布公的討論，因為這協議將決定他們的前途。儘管他們對某些特別觀點有所保留，並要求澄清，但他們已明確表示協議總的來說是可以接受的。協定也受到了其他政府、國際組織以及金融和經濟界的廣泛讚揚。聯合國祕書長視其為其他國家成功解決棘手的國際問題的典範。對香港今後的命運來

說，國際親善和支持是至關重要的。我深信，香港會獲得這友好和支持的。

我謹向中國領導人對談判採取高瞻遠矚的態度表示敬意。「一國兩制」的構想 —— 在一個國家中保持兩種不同的政治、社會和經濟制度，是史無前例的。它對香港特殊的歷史環境作出具有想像力的回答。這一構想是一個榜樣，看似無法解決的問題是如何可以而且應該解決的。

協議將是今後香港人民發展的基礎。他們將以他們舉世聞名的優秀品質 —— 活力、毅力和決心來進行工作。他們將把香港建設得比現在更加繁榮，對此我充滿信心。

英中兩國都將繼續負有責任來確保香港人民實現這一目標所需要的條件。我們已經在這項莊嚴的國際協議裡奠定了基礎。在中英聯合聯絡小組，我們已經為協定的履行提供了合作的場所。今天，透過總理先生和我簽署這項協定，我們已經顯示了對這一協定保證的力度。令我鼓舞的是：貴國政府一再表示，協議中有關香港問題的安排並非權宜之計，這些安排是長期的政策，它們將載入香港基本法，並在一九九七年以後的五十年內保持不變。

就我個人而言，我保證英國政府將竭其所能使這個協議獲得成功。在一九九七年六月三十日以前，英國政府將按照其最高原則來管理香港。我們將以人民的最高利益，謹慎而有遠見的管理香港。根據協定的規定，我們準備透過聯合聯絡小組和中國政府磋商，以保證香港的平穩過渡。我們高興的是這種磋商將延續到二〇〇〇年。

談判本身是給我們兩國帶來更加密切的關係。它增進了我們之間的相互理解、相互尊重和相互信任。我相信，在今後的合作中，我們將為兩國發展更密切、更深厚的關係奠定基礎。這對英國有利，對中國有利，對世界有利。最重要的是，這對香港人民有利。

今天，我們很榮幸同中國朋友一起參加一個特別的儀式，情形是特別

的，協議也是特別的。對未來我們的確應該有一種歷史使命感、自豪感和十足的信心。

美國復興的新時代

[美國] 比爾‧柯林頓　一九九三年

名人小視窗

比爾‧柯林頓（Bill Clinton）（一九四六年 ── ），民主黨人，第四十二任總統（一九九三年 ── 二〇〇一年），第二次世界大戰後出生的第一位美國總統。曾任阿肯色州州長達十二年之久。一九九二年抓住冷戰結束的機遇，打出「變革」旗號，一舉問鼎白宮。本篇是一九九三年一月二十日的總統就職演說，文詞優美，很有感染力。

演講辭

同胞們：

今天，我們慶祝美國復興的奇蹟。這個儀式雖在隆冬舉行，然而，我們透過自己的言語和向世界展示的面容，卻促使春回大地 ── 回到了世界上這個最古老的民主國家，並帶來了重新創造美國的遠見和勇氣。

當我國的締造者勇敢向世界宣布美國獨立，並向上帝表明自己的目的時，他們知道，美國若要永存，就必須變革。不是為變革而變革，而是為了維護美國的理想 ── 為了生命、自由和追求幸福而變革。儘管我們隨著當今時代的節拍前進，但我們的使命永恆不變。每一代美國人，都必須為作為一

個美國人意味著什麼下定義。

……

今天，在冷戰陰影下成長起來的一代人，在世界上負起了新的責任。這個世界雖然沐浴著自由的陽光，但仍受到舊仇宿怨和新的禍患的威脅。

我們在無與倫比的繁榮中長大，繼承了仍然是世界上最強大的經濟。但由於企業倒閉，薪資成長停滯，不平等狀況加劇，人民的分歧加深，我們的經濟已經削弱。

當喬治‧華盛頓第一次宣讀我剛才宣讀的誓言時，人們騎馬把那個資訊緩慢的傳遍大地，繼而又乘船把它傳過海洋。而現在，這個儀式的情景和聲音即刻向全球幾十億人播放。通信和商務具有全球性，投資具有流動性，技術幾乎具有魔力，改善生活的理想現在具有普遍性。今天，我們美國人透過同世界各地人民進行和平競爭來謀求生存。各種深遠而強大的力量正在震撼和改造我們的世界，當今時代的當務之急是我們能否使變革成為我們的朋友，而不是成為我們的敵人。

這個新世界已經使幾百萬能夠參與競爭並且取勝的美國人過上了富裕的生活。但是，當多數人做得越多反而賺得越少的時候，當有些人根本不可能工作的時候，當醫療費用的重負使眾多家庭不堪承受、使大大小小的企業瀕臨破產的時候，當犯罪活動的恐懼使守法公民不能自由行動的時候，當千百萬貧窮兒童甚至不能想像我們呼喚他們過的那種生活的時候，我們就沒有使變革成為我們的朋友。我們知道，我們必須面對嚴酷的事實真相，並採取強有力的步驟。但我們沒有這樣做，而是聽之任之，以致損耗了我們的資源，破壞了我們的經濟，動搖了我們的信心。

我們面臨驚人的挑戰，但我們同樣具有驚人的力量。美國人歷來是不安現狀、不斷追求和充滿希望的民族。今天，我們必須把前人的遠見卓識和堅

強意志帶到我們的任務中去。從革命、內戰、大蕭條，直到民權運動，我國人民總是下定決心，從歷次危機中構築我國歷史的支柱。

湯瑪斯‧傑弗遜認為，為了維護我國的根基，我們需要時常進行激動人心的變革。美國同胞們，我們的時代就是變革的時代，讓我們擁抱這個時代吧！

我們的民主制度不僅要成為舉世稱羨的目標，而且要成為舉國復興的動力。美國沒有任何錯誤的東西不能被正確的東西所糾正。因此，我們今天立下誓言，要結束這個僵持停頓、放任自流的時代，一個復興美國的新時代已經開始。

我們要復興美國，就必須鼓足勇氣。我們必須做前人無需做的事情。我們必須更多的投資於人民，投資於他們的工作和未來，與此同時，我們必須減少巨額債務。而且，我們必須在一個需要為每個機會而競爭的世界上做到這一切。這樣做並不容易，這樣做要求作出犧牲。但是，這是做得到的，而且能做得公平合理。我們不是為犧牲而犧牲，我們必須像家庭供養子女那樣供養自己的國家。

我國的締造者是用子孫後代的眼光來審視自己的。我們也必須這樣做。凡是注意過孩子矇矓入睡的人，都知道後代意味著什麼。後代就是將要到來的世界 ── 我們為之堅持自己的理想，我們向之借用這個星球，我們對之負有神聖的責任。我們必須做美國最拿手的事情：為所有的人提供更多的機會，要所有的人負起更多的責任。

現在是破除只求向政府和別人免費索取的惡習的時候了。讓我們大家不僅為自己和家庭，而且為社區和國家擔負起更多的責任吧。

我們要復興美國，就必須恢復我們民主制度的活力。這個美麗的首都，就像文明的曙光出現以來的每一個首都一樣，常常是爾虞我詐、明爭暗鬥之

地。大腕人物爭權奪勢，沒完沒了的為官員的更替升降而煩神，卻忘記了那些用辛勤和汗水把我們送到這裡來，並養活了我們的人。

美國人理應得到更好的回報。在這個城市裡，今天有人想把事情辦得更好一些。因此，我要對所有在場的人說，讓我們下定決心改革政治，使權力和特權的喧囂不再壓倒人民的呼聲。讓我們撇開個人利益，這樣我們就能覺察美國的病痛，並看到它的希望。讓我們下定決心，使政府成為富蘭克林·羅斯福所說的進行「大膽而持久試驗」的地方，成為一個面向未來而不是留戀過去的政府。讓我們把這個首都歸還給它所屬於的人民。

我們要復興美國，就必須迎接國內外的種種挑戰。國外和國內事務之間已不再有明確的界限 —— 世界經濟，世界環境，世界愛滋病危機，世界軍備競賽，這一切都在影響著我們大家。

……

我們在國內進行重建的同時，面對這個新世界的挑戰不會退縮不前，也不會坐失良機。我們將同盟友一起努力進行變革，以免被變革所吞沒。當我們的重要利益受到挑戰，或者，當國際社會的意志和良知受到蔑視，我們將採取行動 —— 可能時就採用和平外交手段，必要時就使用武力。

今天，在波斯灣、索馬利亞和任何其他地方為國效力的勇敢的美國人，都證明了我們的決心。

但是，我們最偉大的力量是我們思想的威力。這些思想在許多國家仍然處於萌芽階段。看到這些思想在世界各地被接受，我們感到歡欣鼓舞。我們的希望，我們的心，與每一個大陸正在建立民主和自由的人們是連在一起的。他們的事業也是美國的事業。

美國人民喚來了我們今天所慶祝的變革。你們毫不含糊的齊聲疾呼。你們以前所未有的人數參加了投票。你們使國會、總統職務和政治進程本身全

都面目一新。是的，是你們，我的美國同胞們，促使春回大地。

　　現在，我們必須做這個季節需要做的工作。現在，我就運用我的全部職權轉向這項工作。我請求國會同我一道做這項工作。任何總統、任何國會、任何政府都不能單獨完成這一使命。同胞們，在我國復興的過程中，你們也必須發揮作用。

　　我向新一代美國年輕人挑戰，要求你們投入這一奉獻的季節 —— 按照你們的理想主義行動起來，使不幸的兒童得到幫助，使貧困的人們得到關懷，使四分五裂的社區恢復聯繫。要做的事情很多 —— 確實夠多的，以至幾百萬在精神上仍然年輕的人也可作出奉獻。

　　在奉獻過程中，我們認識到相互需要這一簡單而又強大的真理。我們必須相互關心。今天，我們不僅是在讚頌美國，我們再一次把自己奉獻給美國的理想。這個理想在革命中誕生，在兩個世紀的挑戰中更新，這個理想經受了認識的考驗，大家認識到，若不是命運的安排，幸運者或不幸者有可能互換位置；這個理想由於一種信念而變得崇高，即我國能夠從紛繁的多樣性中實現最深刻的統一性。這個理想洋溢著一種信心：美國漫長而英勇的旅程必將永遠繼續。

　　同胞們，在我們即將跨入二十一世紀之際，讓我們以旺盛的精力和滿腔的希望，以堅定的信心和嚴明的紀律開始工作，直到把工作完成。《聖經》說：「我們行善，不可喪志，若不灰心，到了時候，就要收成。」

　　在這個歡樂的山巔，我們聽見山谷裡傳來了要我們作出奉獻的召喚。我們聽到了號角聲。我們已經換崗。現在，我們必須以各自的方式，在上帝的說明下回應這一召喚。

　　謝謝大家！上帝保佑大家！

我們必須強大

[美國] 比爾・柯林頓　一九九七年

名人小視窗

這篇演講是柯林頓一九九七年一月二十日連任就職演說。

演講辭

同胞們：

今天是二十世紀最後一任總統就職典禮，讓我們一道來遠眺我們在下一世紀將會遇到的挑戰。我們很幸運，將要來臨的不僅是一個新世紀，一個新的千年，而且是人類歷史上一個光明的新展望，這個時刻將會決定我們未來數十年的事業和特點。我們必須使我們歷史悠久的民主制度永遠年輕。參照人類對幸福樂土的古老嚮往，我們不妨遙望一個充滿新希望的國土。

美國所代表的希望遠溯到十八世紀，所根據的是我們大家生而平等這一大膽的信念。隨著我們的國土在美洲大陸擴展，避免了國家分裂，取消了可怕的奴隸制度，這一希望在十九世紀得到進一步發展和維護。

接著，透過動盪和勝利的過程，這一希望突然出現在世界舞台上，使這個世紀成為美國世紀。

這是一個偉大的世紀。美國變成了世界上最強大的工業國家，在兩次世

界大戰和曠日持久的冷戰中使世界免於暴虐統治，並且一而再，再而三地向世界各地同我們一樣嚮往自由的數以百萬計的人民伸出救援之手。

在這個過程中，美國人創造出一大批中產階級的人民，使他們老有所養；建立了無與倫比的學習研究機構，使所有人都能夠到公立學校接受教育；分裂原子和探索太空；發明了電腦和積體電路；為非洲裔美國人和所有少數民族進行了民權革命，使婦女具有公民資格、發展機會和尊嚴，從而使正義更為根深蒂固。

現在，我們即將第三次進入新世紀，面臨又一次抉擇。我們在十九世紀開始時，選擇把國土擴展到東西兩岸。在二十世紀開始時，我們選擇了自由企業、養護環境和人的尊嚴的價值與工業革命配套。這些選擇都產生了極大的影響。在二十一世紀到來的前夕，自由的人民現在必須做出抉擇，控制資訊時代和全球社會的各種力量，充分發揮全體人民的無限潛力，實現更完善的團結統一。

我們在上次聚會時，步伐似乎還沒有像今天這樣堅定。我們那時誓言要制定新的方針，使我們的國家得到重生。

四年來，悲劇使我們動容，挑戰使我們振奮，成就使我們強大。只有美國是這個世界不可缺少的國家。我們的經濟仍然是全球最強大的。我們繼續在使我們的家庭制度更加堅固，社區更為興旺，提供更好的教育機會，使環境更為清潔。一些一度認為勢必日益惡化的問題現在在我們的努力下得到扭轉：我們的街道比較安全，領取社會福利的公民轉而參加工作的人數比任何時候都多。

而且，我們解決了當前關於政府作用的大辯論。現在我們可以宣布：政府不是問題，政府也不是解決之道。我們美國人民才是解決之道。我國開國元勳十分了解這一點，留給我們一個強大的民主制度，足以持續存在好幾百

年，並且具有足夠的靈活性，使我們每天都能面對共同的挑戰，推動我們共同的理想。

時代改變，政府也必須改變。新的世紀需要一個新的政府，這個政府自知能力有限，並不想為我們解決所有的問題，但又強大到可以交給我們工具，讓我們自己解決問題。這個政府規模縮小，量入為出，花費減少，但更有成果。可是，在需要挺身而出維護我們在這個世界上的價值觀和利益的地方，在需要賦予美國人權利使他們能夠在日常生活中發揮作用的地方，政府的功能應該擴大，而不是減少。新政府最重要的任務是給予所有美國人實現更美好生活的真正機會，而不是給予他們任何保證。

除此之外，同胞們，前途由我們自己決定。我們國家的締造者告訴我們，維護我們的自由和統一取決於是否具有負責任的公民。對於即將到來的新世紀，我們需要新的責任感。我們要做的工作不能只靠政府來完成，這些工作包括：讓兒童讀書識字，讓領取社會福利的人參加工作，走出緊閉的大門和殘破的窗戶，把毒品、幫派和罪惡清掃出我們的街道，拿出我們生命中的一些時間為別人服務。

我們每一個人都必須用我們自己的方式承擔個人的責任，不僅是為我們自己和我們的家庭，而且是為我們的鄰居和我們的國家。我們最大的責任是在新的世紀發揮一種新的社區精神。我們必須團結一致取得勝利，我們每一個人才能取得成功。

我們過去遇到的挑戰仍然是我們未來的挑戰，我們是否能夠維持一個國家，一個民族，一個共同的命運？我們將會團結一致，還是四分五裂？

種族之間的分割一直是美國遭受的詛咒。每一批新到的移民都是舊偏見的嘲笑對象。帶著宗教或政治面具的偏見和輕蔑也都是一丘之貉。這些偏見過去曾經幾乎使我們的國家毀滅，現在仍然折磨著我們。這些偏見為瘋狂的

恐怖行動火上加油，使全世界各地分裂國家數以百萬計的人民難以為生。

這些偏見使仇視別人的人和被仇視的人都難以實現更美好的自我。我們不能也不會屈服於這種隱藏在靈魂深處的黑暗本能。我們必須克服這種本能，發揮四海之內皆兄弟的包容精神。

在二十一世紀，我們多彩多姿的種族、宗教和政治將是上帝的恩賜。能夠共同生活、共同學習、共同工作和共同建立新的聯繫和紐帶的人將會前途似錦。

新的時代即將來臨，我們已經能夠看到它的輪廓。十年前，網際網路還是物理學家的神祕領域，今天它已經成為數以百萬計小學生通常使用的百科全書。科學家現在正在破解人的生命的密碼。對於我們最害怕的疾病，治療的發現似乎已為期不遠。

這個世界已經不再分裂為兩個對立的陣營。我們正在與一度是我們敵人的國家建立聯繫。商業和文化的交流日益頻繁，使我們有機會改善世界各地人民的生活，昇華他們的精神。自人類有歷史以來，在這個地球上生活在民主制度下的人數首次超過了生活在獨裁制度下的人數。

同胞們，我們回顧這不平凡的一百年，不妨問一下，我們能不能不僅是模仿，而且超越美國在二十世紀的偉大成就，同時避免二十世紀可怕的血腥歷史？對於這個問題，今天在這裡的每一個美國人以及在我們國家的每一個美國人都必須大聲回答說：可以。

這就是我們的核心任務，憑著對於政府新的憧憬、新的責任感和新的社區精神，我們將繼續美國的旅程。在一個充滿新希望的國土上，我們將再次找到我們過去在一個新的土地上尋找的希望。

在這個新土地上，教育將成為每一個公民最寶貴的財富。我們的學校將會擁有世界上最高的標準，點燃起每一個男女兒童眼中的希望。高等教育的

大門將對每一個人開放。資訊時代的知識和力量將不會只為少數人所擁有，而會提供給每一間教室、每一座圖書館和每一個兒童。父母和子女不僅有時間在一起工作，而且有時間在一起閱讀和遊戲。他們在餐桌上討論的計畫，將是如何改善住房，改善工作，以及如何上大學。

我們的街道將再次充滿兒童的歡笑，因為不再有人向他們開槍，或者向他們出售毒品。每一個能夠工作的人都會有工作可做，今天處於下層社會永遠不得翻身的人將成為明天日益擴大的中產階級。新的治病良藥不再是像現在這樣只用於那些有醫療保險的人，而會提供給長久以來缺醫少藥的兒童和辛苦工作的家庭。

我們將以強大的力量維護和平與自由，堅決制止恐怖和破壞力量。我們的子女將安然入睡，不用擔心核子武器、化學武器或生化武器。港口、機場、農場和工廠交易繁忙，充滿著新的產品和想法。世界上最偉大的民主國家將成為由各民主國家組成的整個世界的領袖。

我們的希望之土將成為沒有債務的國家，成為一個維持預算平衡而且永遠不會失去價值觀平衡的國家。在這個國家，我們的祖父母的退休生活和醫療照顧有保障，而且他們的孫兒孫女知道，我們進行了必要的改革，使他們的福利也能夠維持。在這個國家，儘管要保衛海陸空的遼闊疆界，也能夠加強世界上最有生產力的經濟。

在這個希望之土上，我們將改革我們的政治制度，使人民的聲音永遠壓倒狹隘的利益，使所有美國人重新參與政治，並贏得他們的信任。

同胞們，讓我們共同努力，把美國建設成一個不斷前進、所有公民充分發揮潛能的國家。不錯，繁榮和權力很重要，我們必須維持繁榮和權力。但是我們不要忘記：我們已經取得的最偉大進展，以及尚待我們取得的最偉大進展，都存在於我們心中。歸根到底，全世界的財富和軍隊都抵不過人的精

神的力量和尊嚴。

　　……

敬告我同胞

秋瑾　一九〇四年

名人小視窗

　　秋瑾（西元一八七八年 ── 一九〇七年），中國近代著名的女革命家、教育家、演講家。浙江山陰（今紹興）人。一九〇四年，她勇敢衝破封建網羅的束縛，東渡日本，加入光復會和同盟會，熱情參加革命活動。一九〇七年回紹興主持大通學堂，聯絡會黨組織光復軍，與徐錫麟分頭準備在皖浙兩省起義。十月，徐錫麟起義失敗，清軍包圍大通學堂。秋瑾被捕不屈，於十五日凌晨在紹興軒亭口英勇就義，以其青春的熱血實現了她的「拼將十萬頭顱血，須把乾坤力挽回」的豪邁誓言。

　　一九〇四年，日俄兩國在中國領土上爆發了一場為爭奪中國東北而進行的帝國主義戰爭。這篇演說即由此而發。作為一個傑出的愛國主義者，秋瑾在演講中義正辭嚴的抨擊了帝國主義可恥的侵略行徑，深切而又沉痛的表達了挽救國家危亡的拳拳之心。並對那些「隨著他們放爆竹，喊萬歲」，「不知羞恥」的中國商人進行了無情的鞭撻，直言不諱、一針見血，從側面表現了自己的愛國之志。

演講辭

我於今有一大段感情，說與列位聽聽。我昨天到橫濱去看朋友，在路上聽見好熱鬧的軍樂，又看見男男女女、老老小小都手執小國旗，像發狂的一樣，喊萬歲，幾千聲，幾萬聲，合成一聲，嘈嘈雜雜，煙霧沖天。我不知做什麼事，有這等熱鬧。後來一打聽，原來是送出征的軍人，和俄國爭搶東三省地方，到那裡打仗去的。俄國，我們叫它做俄羅斯，日本叫它做露西亞，這就叫征露的軍人，所以日本人都以為榮耀，成群結隊的來送他。最奇怪的就是中國的商人，不知羞恥，也隨著他們放爆竹，喊萬歲。我見了又是羨慕，又是氣憤，又是羞惱，又是慚愧，心中實在難過，不知要怎樣才好，只覺得中國樣樣的事，色色的人，都不如他們。正好我也坐這次火車走的，一路同走，只見那送軍人的人越聚越多，萬歲、萬歲、帝國萬歲、陸海軍萬歲，鬧個不清爽。到了停車場，擁擠得了不得。那軍人因為送他的人太多，卻高站在長凳上，辭謝眾人。送的人團團繞住，一層層的圍了一個大圈子。一片人聲、爆竹聲夾雜，也辨別不清。只見許多人手執小國旗，手舞足蹈，幾多的高興。直等到火車開了，眾人才散。每到一個停車場，都有男女老幼，奏軍樂的、舉國旗的迎送。最可羨是那班小孩子，大的大，小的小，都站在路旁，舉手的舉手，喊萬歲的喊萬歲，你說看了可愛不可愛？真正令人羨慕死了。不曉得中國何日才有這一日呢？

唉！列位，你看日本的人，這樣齊心，把軍人看得如此貴重，怎麼叫他不捨死忘生去打仗呢？所以都懷了一個不怕死的心，以為我們如果不能得勝，回國就無臉去見眾人。人人都存了這個念頭，所以回回打仗都是拼命攻打，不避炮火。前頭的死了，後頭又上去。今日俄國這麼大的國，被小小三島的日本，打敗到這個樣子，大約就是這個緣故呢。並且當軍人的家眷，都有撫卹費。這家人家如有丈夫、兒子、兄弟出征，就算這家人家很榮耀的。

若是做貿易的人家，門前就掛了出征軍人的牌子。各處旅館、酒館、照相館及買賣各鋪店，都大書特書的寫道「陸海軍御用品」，「軍人優待半價」。明明是一百錢的東西，軍人去買，只要半價。可憐中國的兵，每月得了剋扣下來的幾錢口糧，又要顧家，又要顧己，得到什麼呢？見了營官統領，就像老鼠見了貓的一樣。當差稍不如意，就罵就打。有點聲名的人，見了兵勇，把他當作是什麼賊奴一樣，坐都不願意同他坐在一處。富貴的人家，自己尊貴得了不得，錦衣玉食，把自己看得和天神一樣，把兵卒輕視得和什麼賤人都不如。及等得有戰事起來，又要他去打仗，不管餐風宿露，忍餓受寒的辛苦，只叫他捨死忘生的去打仗，你說能夠做得到做不到呢？縱然打了勝仗，那些錦衣玉食的營官、統領來得功，兵的身上並沒有好處，而且那官並沒有到過戰場，不費絲毫力氣，反占了功勞，得了保舉，你說怎麼叫人家心服呢！怪不得這些兵勇要貪生怕死，見了敵人，就一溜煙跑了。如今一說起這些漢子都說是沒有受過教育，所以如此。一提起中國人沒有受過教育的害處，千言萬語，我也敘不完。三天兩日，我也說不盡。眾同胞們不要性急，待我下回再仔細說給你們聽聽吧⋯⋯

三民主義與前途

孫中山　一九〇六年

名人小視窗

　　孫中山（西元一八六六年 —— 一九二五年）近代偉大的革命先行者。名文，字逸仙。廣東香山（今中山）人。西元一八九二年畢業於香港西醫書院，曾於澳門、廣州等地行醫。西元一八九四年北上，上書李鴻章，提出革新政治主張，未被採納。遂赴檀香山組織興中會，開展革命活動。

　　一九〇五年，孫中山先生從歐洲返日本，聯合華興會、光復會等在東京成立了同盟會。為了宣傳同盟會的民主革命綱領，他後來創辦了《民報》，作為同盟會的機關報。作為同盟會的總理，孫中山親自為《民報》寫了發刊詞，公開提出了「民族」、「民權」、「民生」三大主義，第一次比較完備的闡述了資產階級民主革命綱領。

　　這篇演講是一九〇六年十二月二日，孫中山在東京神團錦輝館舉行的《民報》創刊週年慶祝大會上發表的。

演講辭

諸君：

　　今天諸君踴躍來此，兄弟想來，不是徒為高興，定然有一番大用意。今

天這會，是祝《民報》的紀元節。《民報》所講的是民族前途的問題，諸君今天到來，一定是人人把民族前途的問題橫在心上，要趁這會來和大家研究的。兄弟想《民報》發刊以來已經一年，所講的是三大主義：第一是民族主義，第二是民權主義，第三是民生主義。

那民族主義，卻不必要什麼研究才會曉得的。譬如一個人，見著父母總是認得，絕不會把他當作路人，也絕不會把路人當作父母；民族主義也是這樣，這是從種性發出來，人人都是一樣的。滿洲入關到如今已有二百六十多年，我們漢人就是小孩子，見著滿人也是認得，總不會把來當作漢人。這就是民族主義的根本。

但是有最要緊一層不可不知：民族主義，並非是遇著不同族的人便要排斥他，是不許那不同族的人來奪我民族的政權。因為我漢人有政權才是有國，假如政權被不同族的人所把持，那就雖是有國，卻已經不是我漢人的國了。我們想一想，現在國在哪裡？政權在哪裡？我們已經成了亡國之民了！那非洲諸國不過二百多萬人，英國去滅他，尚且相爭至三年之久；菲律賓島不過數百萬人，美國去滅他，尚且相持數歲；難道我們漢人，就甘心於亡國！想起我漢族亡國時代，我們祖宗是不肯服從滿洲的。閉眼想想歷史上我們祖宗流血成河、伏屍蔽野的光景，我們祖宗很對得住子孫。所難過的，就是我們做子孫的人。再思想亡國以後滿洲政府愚民時代，我們漢人面子上從他，心裡還是不願的，所以有幾回的起義。到了今日，我們漢人民族革命的風潮，一日千丈。那滿洲人也倡排漢主義，他們的口頭禪是說他的祖宗有團結力、有武力，故此制服漢人；他們要長保這力量，以便永居人上。他們這幾句話本是不錯，然而還有一個最大的原因，是漢人無團體。我們漢人有了團體，這力量定比他大幾千萬倍，民族革命的事不怕不成功。

唯是兄弟曾聽見人說，民族革命是要盡滅滿洲民族，這話大錯。民族革

命的緣故，是不甘心滿洲人滅我們的國，主我們的政，定要撲滅他的政府，光復我們民族的國家。這樣看來，我們並不是恨滿洲人，是恨害漢人的滿洲人。假如我們實行革命的時候，那滿洲人不來阻害我們，決無尋仇之理。他當初滅漢族的時候，攻城破了，還要大殺十日才肯封刀，這不是人類所為，我們絕不如此。唯有他來阻害我們，那就盡力懲治，不能與他並立。照現在看起來，滿洲政府要實行排漢主義，謀中央集權，拿憲法做愚民的器具。他的心事，真是一天毒似一天。然而他所以死命把持政權的原故，未必不是怕我漢人要剿絕他，故此騎虎難下。所以我們總要把民族革命的目的認得清楚，如果滿人始終執迷，仍然要把持政權，制馭漢族，那就漢族一日不死，一日不能坐視的！想來諸君亦同此意。

民族革命的大要如此。

至於民權主義，就是政治革命的根本。將來民族革命實行以後，現在的惡劣政治固然可以一掃而盡，卻是還有那惡劣政治的根本，不可不去。中國數千年來都是君主專制政體。這種政體，不是平等自由的國民所堪受的。要去這政體，不是專靠民族革命可以成功。試想明太祖驅除蒙古，恢復中國，民族革命已經做成，他的政治卻不過依然同漢、唐、宋相近。故此三百年後，複被外人侵入，這由政體不好的原故，不是政治革命是斷斷不行的。研究政治革命的工夫，煞費經營。至於著手的時候，卻是同民族革命並行。我們推倒滿洲政府，從驅除滿人那一面說是民族革命，從顛覆君主政體那一面說是政治革命，並不是把來分作兩次去做。講到那政治革命的結果，是建立民主立憲政體。照現在這樣的政治論起來，就算漢人為君主，也不能不革命。法蘭西大革命及俄羅斯革命，本沒有種族問題，卻純是政治問題；法蘭西民主政治已經成立，俄羅斯虛無黨也終要達這目的。中國革命之後，這種政體最為相宜，這也是人人曉得的。

　　唯尚有一層最要緊的話，因為凡是革命的人，如果存有一些皇帝思想，就會弄到亡國。因為中國從來當國家做私人的財產，所以凡有草莽英雄崛起，一定彼此相爭。爭不到手，寧可各據一方，定不相讓，往往弄到分裂一二百年，還沒行定局。今日中國，正是萬國眈眈虎視的時候，如果革命家自己相爭，四分五裂，豈不是自亡其國？近來志士都怕外人瓜分中國，兄弟的見解卻是兩樣。外人斷不能瓜分我中國，只怕中國人自己瓜分起來，那就不可救了！所以我們定要由平民革命，建國民政府，這不只是我們革命之目的，並且是我們革命的時候所萬不可少的。

　　說到民生主義，因這裡頭千條萬緒，成為一種科學，不是十分研究不得清楚。並置社會問題隱患在將來，不像民族、民權兩問題是燃眉之急，所以少人去理會他。雖然如此，人的眼光要看得遠。凡是大災大禍沒有發生的時候，要防止他是容易的；到了發生之後，要撲滅他卻是極難。社會問題在歐美是積重難返，在卻還在幼稚時代，但是將來總會發生的。到那時候收拾不來，又要釀成大革命了。革命的事情是萬不得已才用，不可頻頻傷國民的元氣。我們實行民族革命、政治革命的時候，須同時想法子改良社會經濟組織，防止後來的社會革命，這真是最大的責任。

文明不進步的原因

孫中山　一九二二年

名人小視窗

一九二一年，孫中山先生被選舉為非常大總統，全力組織北伐。同年六月，下了討伐令，十月出軍，十二月北伐軍抵達桂林，著手組織北伐大本營。這次演講是一九二二年一月二十二日在桂林教育界歡迎大會上的發言。在這次演說，他駁斥了中國數千年來哲學上「知之非艱，行之維艱」的傳統觀點，以革命家與思想家的真誠，啟發人們改變「知而後行」、「坐而言」的舊觀念，樹立「行而後知」、「起而行」的革命實踐的新觀點。從而呼籲解放思想，改變近百年來中國文明不進步的局面。

演講辭

歐美的文明，不過是二百多年的事，最好的文明，尤在近來幾十年。再把日本來說，五十年以前，他們的文明是很黑暗的，近來四五十年便進步得很快。又拿暹羅來說，近四年來文明的進步，也是中國不及的。中國的文明，古代時進步很快。歐美的文明，近來進步很快。日本和暹羅的文明，也是近來進步很快。推求這個進步很快的原因都是一樣的，都是因為有正當的學術，有正當的思想。中國近兩千多年文明不進步的原因，便是在學術的思

想不正當。不正當的地方，簡單的說，便是大家以為行是很難的，知是很易的，知易行難。這種思想便誤了中國，便誤了學者。

就中國近來的情形說，一般學者在求學讀書的時候，十年窗下，辛辛苦苦，便覺得艱難得了不得。到了有點成功，出而應世，去實行的時候，遇到社會上的人，都說「知是容易的，行是艱難的」。這兩句話，真是誤了學者不淺。何以誤了學者不淺呢？因為求學的時候，十年窗下、費盡腦力，耗盡心血，所求的學問是很不容易成功的。若是有一點成功，出去實行，便有人說：「哼！你求學的時候難，實行的時候更難呢！」大家聽到這句話便嚇怕了，便不敢去實行。不敢實行，便無法可以證明所求的學問是對與不對；不去行，於是所求的學問沒有用處。到了以為學問沒有用處，試問哪一個還再情願去求學呢？就中國從前的情形說，周朝以前的進步是很快的，到了周朝之後，文化便很老大，由於老大的結果，便生出怕事的心理。怕事是好是不好的呢？從好的一方面講，是老成持重；不好的一方面講，是志行薄弱；總而言之，人到了怕事，便遇事畏難，不去做艱難的事，只找容易的事去做；好像倒一盆水到地上，總是向沒有抵抗力的低下部分去流，是一樣的道理。

人到了畏難，就不敢輕於嘗試，試問文化上怎麼能夠有進步呢？推究這個原因，根本上的錯處，便是在「知之非艱，行之維艱」。以難的為不難，以不難的為難，這個便是大錯。我們要除去這個大錯，歸到正面，便應該說「知是難的，行是不難的」。我們人的心理，偏偏反其道而行之，以為行是難的，知是不難的。把極容易做的事，視為畏途，不去實行，求一點實際的結果，把極難知的事，看得太容易，不去探求。所以兩千多年來，對於一切人情物理，都不能登峰造極。至於科學知識極普遍的歐美人，便沒有這個心理。譬如本大總統從前和朋友正在研究「知難行易」的時候，有一個美國理工學博士進到房內，他說他在美國學校的時候，一天，有一個美國先生告

訴他，說知是很難的，行是不難的。這位理工學博士是中國人，早有中國學說之「知易行難」的老成見在心，便很帶懷疑，和美國先生辯論起來。那位美國先生說：「你不要和我爭，我告訴你一段故事自然可以明白。從前有一個人家的自來水管壞了，那個人家的主人，請一個工人去修理。那工人稍微動一動手，就修好了。主人便問工人：『你要多少錢呢？』工人說：『五十元零幾毫。』主人說：『你稍為動一動手，便修好了，像這樣容易的工，何以要許多錢呢？且你不要五十元或者五十一元，何以單要五十元零幾毫呢？這個工錢數目，真是奇怪得很！』工人對主人說：『你看到我修好了之後，這個工作是很容易的。但是從前何以不自己去修理呢？你從前自己不去修理，要請我來修理，自然是由於你不曉得怎樣修理的原故。我曉得怎麼樣修理，所以一動手便修好了。這哪曉得怎麼樣修理的知識，是很難的，所以我多要一點價值，那五十元便是知識的價值；至於動手去實行修理是很容易的，所以我少要一點工錢，那幾毫便是我動手的工錢。』主人聽了這番話之後，便一面點頭，一面對工人說：『你所講的話很有道理呀！我給你五十元零幾毫罷。』」照這件故事看來，就可證明知是很難的，行是容易的。中國人的思想就錯在這裡，所以中國的文化，幾千年都不進步。這裡不進步的錯處，可以說是南轅北轍，所以中國人的錯，便是走錯了路。

　　請看今天歡迎本大總統，要歡迎本大總統的性質。（眾鼓掌）本大總統的性質，生平是愛革命。（眾鼓掌）諸君要歡迎本大總統革命的性質。（眾鼓掌）本大總統想要中國進步，不但是對於政治，主張要革命，就是對於學問，也主張要革命；（眾鼓掌）要把全中國人幾千年走錯了的路，都來改正，所以主張學問和思想都要經過一番革命。（眾鼓掌）就中國革命的歷史說，湯武是主張（革命）最早的，人人都說是「順乎天應乎人」。本大總統從前主張革命的時候，人人都說是「造反」。說到學問思想上，要去推翻它，就是要

把思想反過來。（眾鼓掌）所以古人說：「知之非艱，行之維艱。」本大總統便要說：「行之非艱，知之維艱。」（眾鼓掌）諸君如果贊成本大總統學理上的革命，都應該說「知之維艱，行之非艱」。（眾鼓掌）

　　就知和行的難易之先後說，凡百事情，知了之後才去行，是很容易的。如果不知也要去行，當中必走許多「之」字路，經過很多的錯誤，是很艱難的。為什麼不避去那種錯誤的艱難？因為知是很難的。如果要等到知了才行，那麼行的時候，便非在幾百年、幾千年之後不可，恐怕沒有定期了。所以我們人類，有時候不知也要去行。譬如點燈的電，傳電報的電，說電話的電，我們現在有幾個能知道它是什麼東西呢？但是我們的大城市，現在沒有哪一家不用它的。這個用它便是行，可見行是容易的。又如指南針也有電的道理，用過了的時代和數目，不知有多少了。這個東西，有的說是黃帝發明的，有的說是周公發明的。無論是哪一個發明的，都是在外國人發明電之先，外國人向來沒有的，中國便早早的行了。試問中國人究竟知不知道電呢？學者為四民導師，中國的社會是很崇拜的，人有不知道的事情，要告訴他們去行才好。

在黃埔軍校開學典禮上的講話

孫中山　一九二四年

名人小視窗

　　辛亥革命以後，清廷退位，帝制被推翻了，建立了民國，但舊中國的實際情形並沒多大改變，在北洋軍閥政府的統治下，廣大中下層人民，仍處於被剝削、被壓迫的地位，饑寒交迫，生活在水深火熱之中，而那些軍閥官僚卻在帝制崩潰過程中，大權在握，割據一方，中國依舊四分五裂，民不聊生。因而孫中山為了繼續革命，吸取教訓，決心建立革命的武裝隊伍，為了培養軍事政治人才，而創立了黃埔陸軍軍官學校，並在一九二四年六月十六日開學典禮上發表了這篇演講。

演講辭

　　來賓、教員、學生諸君：

　　今天是本學校開學的日期。我們為什麼有了這個學校呢？為什麼一定要開這個學校呢？諸君要知道，中國的革命有了十三年，現在得到的結果，只有民國之年號，沒有民國之事實。像這樣看來，中國革命十三年，直到今天，只得到一個空名。所以中國十三年的革命完全是失敗，就是到今天也還是失敗。至於世界上的革命，在我們以後發生的情形是怎麼樣呢？

　　六年之前，有一個鄰國，和中國毗連有一萬多里，跨歐亞兩洲來立國，比中國還要大，在歐戰之前是世界上頭一個強國，當歐戰期內便發生革命，他們的革命後過我們六年。這個鄰國是誰呢？就是俄國。俄國革命雖然是在中國革命的六年之後，但是說到結果，他們的是徹底成功。我們拿兩國的歷史來比較：就對內一方面說，中國從前革命，是對清朝。清皇帝的威權，到我們革命的時候已經是很薄弱，政治也是很腐敗，當那個時候，清朝是世界上國勢最衰微的國家。比較俄國對他們皇帝革命時候的情形是怎麼樣呢？俄皇是本國人，又是俄國的教主，在俄國的威權是第一，當沒有革命的時候，俄羅斯是世界上國勢最強盛的國家。像這樣比較，可以說，中國是對權勢很薄弱的皇帝來革命，俄國是對權勢很強盛的皇帝來革命。所以就對內這一方面講，中國革命是很容易的，俄國革命是很艱難的。就對外一方面說，俄國革命之後，所遇到的障礙是很大的；中國革命之後，毫沒有人干涉。在革命之前，外國人雖然有瓜分中國的言論，我們也怕到革命的時候受列強的干涉；但是發生了革命之後，列強毫沒有理會。俄國發生了革命之後，遇到外國人的障礙，不只是言論，並且實受兵力的干涉。各國軍隊侵進俄國境內的，有英國、法國、美國、日本和義大利以及（其）他各小國的軍隊，外國人集合全世界的力量來干涉俄國。像這樣看來，我們革命，只在內對付一個很衰弱的政府；俄國革命，在內要對付一個威權很大的政府，對外還要對付全世界的列強。所以更就對外那一方面講，中國革命也是很容易的，俄國革命也是很艱難的。為什麼俄國遇了那樣大的艱難，遇了那樣多的敵人，還能夠在六年之內，把所有的障礙都一概打消，革命是徹底的成功；我們革命的時期比較俄國要長一半，所遇的障礙又不及俄國的大，弄到至今革命還是不能成功呢？由中國和俄國革命的結果不同，推求當中原因，便是我們的一個大教訓。因為知道了這個教訓，所以有今天這個開學的日期。

這個教訓是什麼呢？就是俄國發生革命的時候，雖然是一般革命黨員做先鋒，去同俄皇奮鬥，但是革命一經成功，便馬上組織革命軍；後來因為有了革命軍做革命黨的後援，繼續去奮鬥，所以就是遇到了許多大障礙，還是能夠在短時間之內大告成功。中國當革命之時，在廣東奮鬥的黨員最著名的有七十二烈士，在各省捨身奮鬥的黨員也是不少。因為有了那些先烈的奮鬥，所以武昌一經起義，便有各省響應，推倒滿清，成立民國，我們的革命便有一部分的成功。但是後來沒有革命軍繼續革命黨的志願，所以雖然有一部分的成功，到了今天，一般官僚軍閥不敢明目張膽更改中華民國的正朔；至於說到民國的基礎，一點都沒有。這個原因，簡單的說，就是由於我們革命，只有革命黨的奮鬥，沒有革命軍的奮鬥；因為沒有革命軍的奮鬥，所以一般官僚軍閥便把持民國，我們的革命便不能完全成功。我們今人要開這個學校，是有什麼希望呢？就是要從今天起，把革命的事業重新來創造，要用這個學校內的學生做根本，成立革命軍。諸位學生就是將來革命軍的骨幹。有了這種好骨幹，成了革命軍，我們的革命事業便可以成功。

　　如果沒有好革命軍，中國的革命永遠還是要失敗。所以，今天在這地開這個軍官學校，獨一無二的希望。就是創造革命軍，來挽救中國的危亡……

教育要培養完全的人格

蔡元培　一九一六年

名人小視窗

　　蔡元培（西元一八六八年 —— 一九四〇年），民主革命家、教育家、思想家。浙江紹興人。清光緒進士，翰林院編修。一九〇二年發起組織中國教育會，創辦愛國團體，宣傳民主革命思想。一九〇五年參加同盟會，一九〇七年留學德國。歸國後曾任南京臨時政府教育總長。發表《對於教育方針之意見》，反對清末教育宗旨，提出新的主張。一九一七年任北京大學校長，支持新文化運動。「九一八」事變後，主張抗日，與宋慶齡、魯迅等組織中國民權保障同盟。

　　這篇演講是蔡元培一九一六年在上海女子學校發表的，他強調「德育、智育和體育」三者的全面發展，強調德育的統帥作用。儘管蔡元培當初提出的「三育」在思想內容方法措施等方面不能與今天的「三育」等同而論，但蔡元培卻實在是抓住了學校教育的根本，也即愛國教育的根本。這方面表現了蔡元培作為教育家的真知灼見；從某種意義講，今天的「三育」就是蔡元培昨天「三育」的繼承和發展。

演講辭

夫完全人格，首在體育，體育最要之事為運動。凡吾人身體與精神，均含一種潛勢力，隨周邊之環境而發達。故欲其發達至何地位，即能至何地位。若有障礙而阻其發達，則萎縮矣。舊俗每為女子纏足，不許擅自出門行走，終日幽居，不使運動，久之性質自變為懦弱。光陰日消磨於裝飾中，且養成依賴性，凡事非依賴男子不可。苟無男子可依賴，雖小事亦望而生畏，倘不幸的有戰爭之事，敵兵尚未至，畏而自盡者比比矣，又安望其抵抗哉！是皆不運動不發達其身體之故，卒養成懦弱性質，以減殺其自衛能力與膽量也。歐美各國女子，尚不能免此，況乎中國。聞本校有體育專修科，不特各科完備，且於拳術尤為注意，此最足為自衛之具，望諸生努力，切勿間斷，即畢業之後，身任體操教員者，固應時時練習，即擔任別種事業者，亦當時時練習。蓋此等技術，不練則荒，久練益熟，獲益匪淺也。

次在智育，智育則屬精神方面。精神越用越更加達，吾前已言及矣。蓋人之心思細密，方能處事精詳，而練習此心思使之細密，則有賴於科學。就其易於證明者言之：如習算學既可以增加知識，又可以使腦力反覆運用，人於精細詳審一途。研究之功夫既深，則於處世時，亦須將前一事與後一事比較一番，孰優孰劣，了然於胸。而知識亦從比較而日廣矣。故精究科學者，必有特別之智慧，勝於恆人……

更言德育，德育實為完全人格之本，若無德，則雖體魄智力發達，適足助其為惡，無益也。今先言吾國女子之缺點。女子因有依賴男子之性質，不求自立，故心中思慮毫無他途，唯有衣服必求鮮豔，裝飾必求美麗，何也？以其無可自恃也。而虛榮心於女子為尤甚，喜聞家中人做官，喜與有勢力人往還皆是。故高尚之品行，未可求諸尋常女界中也。今欲養成女子高尚之品行，非使其除依賴性質有自立性質不可。然自立不可誤解，非傲慢自負、輕

視他人之謂，乃自己有一定之職業，以自謀生活之謂。夫人果能自謀生活，不仰食於人，則亦無暇裝飾，無取虛榮矣。尚有一端，女子之處家庭者，大凡姑媳妯娌間，總是不和，甚至訌誶，其故何在？蓋舊時習慣，女子死守家庭，不出門一步，不知社會情狀，更不知世界情狀，所通聲息者，家中姑媳妯娌間而已，耳目心思之範圍，既限於極小家庭，自然只知瑣細之事，而所爭者，亦只此瑣細之事。若是而望女子之品行日就高尚，難乎其難，蓋其所處之勢使然也。女子之缺點固多，而優點亦不少。今舉其一端，如慈善事業。惻隱之心，女子勝於男子。不過昔時專在布施，反足養成他人懶惰之習，今則推廣愛人以德，與人為善之道。凡有善舉，宜使受之者亦出勞力有益於社會，則仁慈之心，猶為懇摯矣。女子講自由，在脫除無理之束縛而已，若必侈大無忌，在為無理之自由，則為反對女學者所藉口，為父兄者必不送女子入學。蓋不信女學為培養女德之所，而謂女學乃損壞女德之地，非女學之幸也。又今日女子入學讀書後，對於家政，往往不能操勞，亦為所詬病。必也入學後，家庭間之舊習慣，有益於女德者，保持勿失。而益以學校中之新知識，則治理家庭各事，比較諸未受教育者，覺井井有條。譬如裁縫，舊時只知憑尺寸裁剪而已，若加以算學知識，則必益能精。如烹飪，舊時亦只知當然，若加以化學知識，則必合乎衛生。其他各事，莫皆不然。倘女學生能如此，則為父兄者，有不樂其女若妹之入學者乎！

提倡研究美學

蔡元培　一九二一年

名人小視窗

這篇演講是蔡元培一九二一年五月，第三次出國考察期間在英國愛丁堡所作。

當時，中國政治動盪不安，經濟衰微，民生凋敝。演講者在此大談美育，這在功利論者看來，簡直不可思議，然而這卻是演講者高於常人的地方。

演講辭

今日會中有學術研究會，學與術可分為兩個名詞，學為學理，術為應用。各國大學中所有科目，如工商，如法律，如醫學，非但研求學理，並且講求適用，都是術。純粹的科學與哲學，就是學。學必借術以應用，術必以學為基本，兩者並進始可。中國羨慕外人的，第一次是見其槍炮，就知道他的槍炮比我們的好。以後又見其器物，知道他的工藝也好。又看外國醫生能治病，知道他的醫術也好。有人說，外國技術雖好，但是政治上只有霸道，不及中國仁政，後來才知道外國的憲法、行政法等，都比中國進步。於是要學他們的法學、政治學，但是疑他們道學很差。以後詳細考察，又知道他

們的哲學，亦很有研究的價值。他們的好處都知道了，於是出洋留學生，日多一日，各種學術都有人研究了。然而留學生中，專為回國後占地位謀金錢的也很多。所以學工業，預備做技師。學法律，預備做法官，或當律師。學醫學，預備行醫，只從狹義做去，不問深的理由。中國固然要有好的技師、醫生、法官、律師等等，但要在中國養成許多好的技師、醫生等，必須有熟練技能而又深通學理的人，回去經營，不是依樣畫葫蘆的留學生做得到的。譬如吃飯的時候，問小兒飯從哪裡來的？最淺的答語是說出在飯桶裡；進一步，說是出在鍋子裡；再進一步，說是出在穀倉裡；必要知道探原到農田上，才是能造飯的。不是專吃現成飯的人了。求學亦然，要是但知練習技術，不去研究學術；或一國中，練習技術的人雖多，研究科學的人很少，那技術也是無源之水，不能會通改進，發展終屬有限。所以希望留學諸君，不要忽視學理。

外人能進步如此的，在科學以外，更賴美術。人不能單純工作，以致腦筋枯燥，與機器一樣。運動吃煙飲酒賭博，皆是活潑腦筋的方法。但不可偏重運動一途。菸酒賭博，又系有害的消遣，吾們應當求高尚的消遣。西洋科學越發達美術也越進步。有房屋更求美觀，有雕刻更求精細。一塊美石不制桌面，而刻石像；一塊堅木，不做用器，而制玩物。究竟有何用意？有大學高等專門學校，更設美術學校，音樂學校等。既有文法書，更要文學。所建設的美術館、博物館，費多少金錢，收買物品，雇人管理，外人豈愚？實則別有用心。過勞則思遊息，無高尚消遣則思菸酒賭博，此系情之自然。所以提倡美術，既然人得以消遣，又可免去不正當的娛樂。

美術所以為高尚的消遣，就是能提起創造精神。從前功利論，以為人必先知有相當權利，而後肯盡義務。近來學者，多不以為然。羅素佩服老子「為而不有」一語。他的學說，重在減少占有的衝動，擴展創造的衝動，就

是與功利論相反的。但這種減少與擴展的主義，可用科學證明。這種習慣，只有美術能養成他。因為美術一方面有超脫利害的性質，一方面有發表個性的自由。所以沉浸其中，能把占有的衝動，逐漸減少，創造的衝動，逐漸擴展，美術的效應，豈不很大麼？中國美術，早已卓著。不過好久沒人注意，不能盡量發展。現在博物館還未設立，豈不可惜！所以在外國的時候，既然有很好的機會，就當隨處注意。不但課餘可時往博物館賞覽，就是路旁校側，處處都有美術的表現。不僅對於自己精神有利益，就是回國以後，對於提倡美術，也多有補助。若是此時失去機會，以後就懊悔也晚了！

　　我知道在愛丁堡的同學對於的政治是很注意的。中國現在的政治，可云壞極了，一切大權皆在督軍掌握。督軍並無何等智慧，不過相互為敵，借養兵之名，去攫金錢就是了。譬如說有一萬兵的，其實不過數千，將這空餉運入私囊。僅為金錢之計，實無軍隊可言，更無威武可怕。唯真正民意，為力最大。凡所喜的都可實現，凡所惡的，都可剷除。前清因失民意而亡，袁氏因失民意而歿。安福兵力很強，又有外人幫助，但因民意反對，終歸潰敗。現在人心又恨怨督軍，都提倡「廢督」。大概督軍不久也必消滅。但是最重要問題：督軍消滅後，又將何以處之？從前執政都想中央集權，實則中國之大，斷沒有少數人能集權而治的。現在極要的，是從「地方自治」入手。在各地方沒高等教育機關，使人民多受教育，自然各方面事務，都有適當的人來擔任。希望諸君專心求學，學成可以效力於地方，這是救國最好的方法。……

近代西洋教育

陳獨秀　一九一七年

名人小視窗

　　陳獨秀（西元一八七九年——一九四二年），字仲甫，安徽懷寧（今屬安慶市）人。新文化運動的宣導者之一。一九一五年九月，陳獨秀在上海創辦並主編《青年》雜誌（一年後改名《新青年》）。一九一七年初受聘為北京大學文科學長。一九一八年十二月與李大釗等創辦《每週評論》。這期間，他以《新青年》、《每週評論》和北京大學為主要陣地，積極提倡民主與科學，提倡文學革命，反對封建的舊思想、舊文化、舊禮教，成為新文化運動的宣導者和主要領導人之一。

　　五四新文化運動的偉大意義之一，就在於在中國近現代史上真正開始了對西方物質文明和精神文明的全面學習。這篇演講是陳獨秀於一九一七年七月一日在南開學校發表的。它著重闡述了中國的教育必須「取法西洋」的教育思想，它的深刻之處就在於對中國傳統教育的批判和對西洋教育的探索，在於它從教育這個角度表現了向西方精神文化學習的思想、膽識和熱情。

演講辭

　　吾人的教育，既然必須取法西洋，吾人就應該曉得近代西洋教育的真相

真精神是什麼，然後所辦的教育才真是教育，不是科舉，才真是西洋教育，不是中國教育。不然，像我們中國模仿西洋創辦學校已經數十年，而成效毫無。學校處數固屬過少，不能普及，就是已成的學校，所教的無非是中國腐舊的經史文學，就是死讀幾本外國文和理科教科書，也是去近代西洋教育真相真精神尚遠，此等教育，有不如無。因為教的人和受教的人，都不懂得教育是什麼，不過把學校畢業當作出身地步。這和從前科舉有何分別呢？所以我希望我們中國大興教育，同時我又希望我們中國教育家要明白，讀幾本歷史洋文，學一點理化博物，算不得是真正的近代西洋教育，我們教育若想取法西洋，要曉得真正的近代西洋教育，有幾種大方針：

第一，是自動的而非被動的，是啟發的而非灌輸的。

中國教育和西洋古代教育，多半是用被動主義、灌輸主義，一心只要學生讀書萬卷，做大學者。古人的著書，先生的教訓，都是神聖不可非議。照此依樣畫葫蘆，便是成功的妙訣。所謂兒童心理，所謂人類性靈，一概抹殺，無人理會。至於西洋近代教育，則大不相同了，自幼兒園以至大學，無一不取啟發的教授法，處處體貼學生心理作用，用種種方法啟發他的性靈，養成他的自動能力，好叫人類固有的智慧得以自由發展，不像那被動主義、灌輸主義的教育，不顧學生的心理狀態，只管拼命教去，教出來的人物，好像人做的模型，能言的鸚鵡一般，依人作解，自家決沒有真實見地，自動能力。此時義大利國蒙特梭利 MoriaMonte-ssori 女士的教授法，轟動了全世界。她的教授法是怎樣呢？就是主張極端的自動啟發主義，用種種遊戲法，啟發兒童的性靈，養成兒童的自動能力；教師立於旁觀地位，除惡劣害人的事以外，無不一任兒童完全的自動自由。此種教授法，現在已經通行歐美各國，而我們中國的教育，還是守著從前被動的灌輸的老法子，教師盲教，學生盲從。啟發兒童的遊戲圖畫等功課，毫不注意，拼命的讀那和學生毫無關

係的歷史（小學生絕不懂得自己與歷史有什麼關係），毫無用處的外國文，以為這就是取法西洋的新教育了。哈哈！實在是坑死人也！

第二，是世俗的而非神聖的，是直觀的而非幻想的。

孔特分人類進化為三時代：第一日宗教迷信時代，第二日玄學幻想時代，第三日科學實證時代。歐美的文化，自十八世紀起，漸漸從第二時代進步到第三時代，一切政治、道德、教育、文學，無一不合著科學實證的精神。近來一元哲學，自然文學，日漸發達，一切宗教的迷信，虛幻的理想，更是拋在九霄雲外；所以歐美各國教育，都注重職業。所教功課，無非是日常生活的知識和技能。此時學校教育以外，又盛行童子 Boy-Scout 的教育，一切煮飯、燒菜、洗衣、縫衣、救火、救溺、開車、駛船等事，無一不實的練習。不像東方人連吃飯、穿衣、走路的知識本領也沒有，專門天天想做大學者、大聖賢、大仙、大佛。西洋教育所重的是世俗日用的知識，東方教育所重的是神聖無用的幻想；西洋學者重在直觀自然界的現象，東方學者重在記憶先賢先聖的遺文。中國教育，若真要取法西洋，應該棄神而重人，棄神聖的經典與幻想而重自然科學的知識和日常生活的技能。

第三，是全身的而非單獨腦部的。

譚嗣同有言日：「觀中國人之體貌，亦有劫象焉。試以擬以西人，則見其萎靡，見其猥鄙，見其粗俗，見其野悍。或瘠而黃，或肥而弛，或萎而傴僂，其光明秀偉有威儀者，千萬不得一二！」這是什麼緣故呢？就是中國教育大部分重在後腦的記憶，小部分重在前腦的思索，訓練全身的教育，從來不大講究。所以未受教育的人，身體還壯實一點，唯有那班書酸子，一天只知道咿咿唔唔搖頭擺腦的讀書，走到人前，癡癡呆呆的歪著頭，弓著背，勾著腰，斜著肩膀，臉孔又黃又瘦，耳目手腳，無一件靈動中用。這種人雖有手腳耳目，卻和那跛聾盲啞殘廢無用的人，好得多少呢？西洋教育，全身皆

有訓練，不單獨注重腦部。既有體操發展全身的力量，又有圖畫和各種遊戲練習耳目手腳的活動能力。所以他們無論男女老幼，做起事來，走起路來，莫不精神奪人，儀表堂堂。教他們眼裡如何能看得起我們可厭的中國人呢？

　　中國教育，不合西洋近代教育的地方甚多。以上三樣，乃是最重要的。諸君畢業後，或教育他人，或是自己教自己，請在這三樣上十分注意。

文化之精神

林語堂　一九三二年

名人小視窗

林語堂（西元一八九五年 —— 一九七六年），中國現當代散文家、小說家、語言學家、教育家和演講家。原名和樂，後改名玉堂。福建龍溪（今龍海）人。畢業於聖約翰大學，一九一九年去美國，後轉德國留學，獲哲學博士學位。回國後於上世紀二十年代參加魯迅支持的語絲社，為《語絲》雜誌的長期撰稿人。二十世紀三十年代，創辦並編輯《論語》、《人間世》、《宇宙風》等刊物，提倡「閒適」、「幽默」的小品文，成為「論語派」的主要代表。抗日戰爭爆發後，赴美國任教，並從事寫作活動，一九七六年病死於香港。

林語堂主張以達觀、閒適的態度去看人生，所以他在這篇講演中，認為中國的文化精神是人文主義精神。他說：「我想最簡便的解釋在於中國的人文主義，因為中國文化的精神，就是人文主義精神。」而人文主義的核心，「其答案就是在於享受淳樸生活，尤其是家庭生活的快樂（如父母俱存兄弟無故等）及在於五倫的和睦。」

演講辭

我認為，如果我們了解了中國文化之精神，中國並不難懂。一方面，我

們不能發覺支那崇拜者夢中所見的美滿境地，一方面也不至於發覺，如上海洋商所相信中國民族只是土匪流氓，對於他們運輸入口的西方文化與沙丁魚之功德，不知感激涕零。此兩種論調，都是起因於沒有清楚的認識。實際上，我們要發覺中國民族為最近人情之民族，中國哲學為最近人情之哲學。

中國人民，固有他的偉大，也有他的弱點，絲毫沒有邈遠玄虛難懂之處。中國民族之特徵，在於執中，不在於偏倚，在於近人之常情，不在於玄虛理想。中國民族，頗似女性，腳踏實地，善謀自存，好講情理，而惡極端理論，凡事只憑天機本能，糊塗了事。凡此種種，頗與英國民性相同。西塞羅曾說，「理論一貫者乃小人之美德」，中英民族都是偉大，理論一貫與否，與之無涉。所以理論一貫之民族早已滅亡，中國卻能糊塗過了四千年的歷史。英國民族果能保存其著名「糊塗渡過難關」（「Somehow muddle through」）之本領，將來自亦有四千年光輝歷史無疑。中英民性之根本相同，容後再講。此刻所要指明者，只是說中國文化，本是以人情為前提的文化，並沒有難懂之處。

倘使我們檢查中國民族，便可發見以下優劣之點。在劣的方面，我們可以舉出，政治之貪汙，社會紀律之缺乏，科學工業之落後，思想與生活方面留存極幼稚野蠻的痕跡，缺乏團體組織團體治事的本領，好敷衍不徹底之根性等。在優的方面，我們可以舉出歷史的悠久綿長，文化的統一，美術的發達（尤其是詩詞、書畫、建築、瓷器），種族上生機之強壯、耐勞、幽默、聰明，對女士之尊敬。熱烈的愛好山水及一切自然景物，家庭上之親誼，及對人生目的比較確切的認識。在中立的方面，我們可以舉出守舊性、容忍性。和平主義以及實際主義。此四者本來都是健康的征點，但是守舊易致於落伍，容忍則易於妥協，和平主義或者是起源於體魄上的懶於奮鬥，實際主義則凡事缺乏理想，缺乏熱誠。統觀上述，可見中國民族特徵的性格大多屬於

陰的、靜的、消極的，適宜一種和平堅忍的文化，而不適宜於進取外展的文化。此種民性，可以「老成溫厚」四字包括起來，

在這些叢雜的民性及文化特徵之下，我們將何以發見此文化之精神，可以貫穿一切，助我們了解此民性之來源及文化精英所寄託？我想最簡便的解釋在於中國的人文主義，因為中國文化的精神，就是此人文主義的精神。

「人文主義」（Humanism）含義不少，講解不一。但是中國的人文主義（鄙人先立此新名詞）卻有很明確的含義。第一要素，就是對於人生目的與真義有公正的認識。第二，吾人的行為要純然以此目的為指歸。第三，達此目的之力量，在於明理，即所謂事理通達，心氣和平（spirit of humand reasonableness），即儒家中庸之道，又可稱為「庸見的崇拜」（religion of comnmonsense）。

中國的人文主義者，白信對於人生真義問題已得解決。自中國人的眼光看來，人生的真義，不在於死後來世，因為基督教所謂此生所以待斃，中國人不能了解；也不在於涅槃，因為這太玄虛；也不在於建樹勳業，因為這太浮泛；也不在於「為進步而進步」，因為這是毫無意義的。所以人生真義這個問題，久為西洋哲學宗教的懸案，中國人以只求實際的頭腦，卻解決得十分明暢。其答案就是在於享受淳樸生活，尤其是家庭生活的快樂（如父母俱存兄弟無故等），及在於五倫的和睦。暮從碧山下，山月隨人歸；或是雲淡風輕近午天，傍花隨柳過村前，這樣淡樸的快樂，自中國人看來，不僅是代表含有詩意之片刻心境，乃為人生追求幸福的目標。得達此境，一切泰然。這種人生理想並非如何高尚（參照羅斯福氏所謂「殫精竭力的一生」），也不能滿足哲學家玄虛的追求，但是卻來得十分實在。愚見這是一種異常簡單的理想，因其異常簡單，所以非中國人的實事求是的頭腦想不出來，而且有時使我們驚詫，這樣簡單的答案，西洋人何以想不出來。我見中國與歐洲之不

同，即歐人多發明可享樂之事物，卻較少有消受享樂的能力，而中國人在單純的環境中，較有消受享樂之能力與決心。

此為中國文化之一大祕訣。因為中國人能明知足常樂的道理，又有今朝有酒今朝醉，處處想偷閒行樂的決心，所以中國人生活求安而不求進，既得目前可行之樂，即不復追求似有似無疑實疑虛之功名事業。所以中國的文化主靜，與西人勇往直前躍躍欲試的精神大相逕庭。主靜者，其流弊在於頹喪潦倒。然兢兢業業熙熙攘攘者，其病在於常患失眠。人生究竟幾多日，何事果值得失眠乎？詩人所謂共誰爭日月，贏得鬢邊霜。伍庭芳使美時，有美人對伍氏敘述某條鐵道造成時，由費城到紐約可省下一分鐘，言下甚為得意，伍氏淡然問他：「但是此一分鐘省下來時，作何用處？」美人瞠目不能答覆。伍氏答語最能表示中國人文主義之論點。因為人文主義處處要問明你的目的何在，何所為而然？這樣的發問，常會發人深省的。譬如英人每講戶外運動以求身體舒適（keepingfit），英國有名的《滑稽週報》Punch 卻要發問：「舒適做什麼用？」（fit forwhat？）（原雙關語，意為「配做什麼用？」）依我所知這個問題此刻還沒回答，且要得到圓滿的回答，也要有待時日。厭世家曾經問過，假使我們都知道所做的事是什麼，世上還有人肯去做事嗎？譬如我們好講婦女解放自由，而從未一問，自由去做甚？中國的老先生坐在爐旁大椅上要不敬的回答：「自由去婚嫁。」這種人文主義冷靜的態度，每易煞人風景，減少女權運動者之熱誠。同樣的，我們每每提倡普及教育，平民識字，而未曾疑問，所謂教育普及者，是否要替《逐日郵報》及 Beaverbrook 的報紙多製造幾個讀者？自然這種冷靜的態度，易趨於守舊，但是中西文化精神不同之情形，確是如此。

成功、自信、快樂

李開復　二〇〇〇年

名人小視窗

李開復，一九六一年十二月三日出生於臺灣，一九八八年獲美國卡內基梅隆大學電腦系博士學位。

李開復於一九九八年七月加入微軟公司，曾任微軟公司副總裁，並創立了微軟中國研究院（現為微軟亞洲研究院），二〇〇五年十月加盟 Google。

李開復用了十個月的時間，幾經反覆，完成了《做最好的自己》，也完成了他要為青年寫一本書的願望。

演講辭

成功就是成為最好的你自己

美國作家威廉‧福克納說過：「不要竭盡全力去和你的同僚競爭。你應該在乎的是，你要比現在的你強。」

中國社會有個通病，就是希望每個人都照一個模式發展，衡量每個人是否「成功」採用的也是一元化的標準：在學校看成績，進入社會看名利。尤其是在今天的中國，人們對財富的追求首當其衝，各行各業，對一個人的成功的評價，更多地以個人財富為指標。但是，有了最好的成績就能對社會有

231

所貢獻嗎？有名利就一定能快樂嗎？

真正的成功應是多元化的。成功可能是你創造了新的財富或技術，可能是你為他人帶來了快樂，可能是你在工作職位上得到了別人的信任，也可能是你找到了回歸自我、與世無爭的生活方式。每個人的成功都是獨一無二的。所以，凌志軍在其《成長》一書中得出的重要結論是「成為最好的你自己。」也就是說，成功不是要和別人相比，而是要了解自己，發掘自己的目標和興趣，努力不懈的追求進步，讓自己的每一天都比昨天更好。

成功的第一步：把握人生目標，做一個主動的人

在新浪聊天室裡，當網友問我的人生目標是什麼時，我是這麼回答的：「人生只有一次，我認為最重要的就是要有最大的影響力（impact），能夠幫助自己、幫助家庭、幫助國家、幫助世界、幫助後人，能夠讓他們的日子過得更好、更有效率，能夠為他們帶來幸福和快樂。」我回答這個問題時絲毫不需要思考，因為我從大學二年級起就把「影響力」當作自己的人生目標。

對我來說，人生目標不是一個口號，而是我最好的智囊，它曾多次幫我解決工作和生活中的難題。我當初放棄在美國的工作，隻身來到中國創立微軟中國研究院，就是因為我覺得後一項工作有更大的影響力，和我的人生目標更加吻合。此外，當我收到一封封迷茫學生的來信，給他們寫回信時，我也會想：「如何讓回信有更大的影響力？」我先後公開的三封「給中國學生的信」都是如此誕生的。

馬加爵也悟出了他的人生目標，只可惜他是在案發被捕後才悟出的。他說：「姐，現在我對你講一次真心話，我這個人最大的問題就是出在我覺得人生的意義到底是為了什麼？……在這次事情以後，此時此刻我明白了，我錯了。其實人生的意義在於人間有真情。」如果馬加爵能早幾個月悟出人生目標，他在做傻事前就會問問自己，充滿真情的父母、姐姐會怎麼看待這件

事？這樣，他可能就不會走上歧途了。

所以，無論是為了真情，為了影響力，還是為了快樂、家人、道德、寧靜、求知、創新......一旦確定了人生目標，你就可以像我一樣在人生目標的指引下，果斷做出人生中的重大決定。每個人的人生目標都是獨特的。最重要的是，你要主動把握自己的人生目標。但你千萬不能操之過急，更不要為了追求所謂的「崇高」，或為了模仿他人而隨便確定自己的目標。

那麼，該怎麼去發現自己的目標呢？許多同學問我他們的目標該是什麼？我無法回答，因為只有一個人能告訴你人生的目標是什麼，那個人就是你自己。只有一個地方你能找到你的目標，那就是你心裡。

我建議你閉上眼睛，把第一個浮現在你腦海裡的理想記錄下來，因為不經過思考的答案是最真誠的。或者，你也可以回顧過去，在你最快樂、最有成就感的時光裡，是否存在某些共同點？它們很可能就是最能激勵你的人生目標了。再者，你也可以想像一下，十五年後，當你達到完美的人生狀態時，你將會處在何種環境下？從事什麼工作？其中最快樂的事情是什麼？當然，你也不妨多和親友談談，聽聽他們的意見。

成功的第二步：嘗試新的領域、發掘你的興趣

為了成為最好的你自己，最重要的是要發揮自己所有的潛力，追逐最感興趣和最有熱情的事情。當你對某個領域感興趣時，你會在走路、上課或洗澡時都對它念念不忘，你在該領域內就更容易取得成功。更進一步，如果你對該領域有熱情，你就可能為它廢寢忘食，連睡覺時想起一個主意，都會跳起來。這時候，你已經不是為了成功而工作，而是為了「享受」而工作了。毫無疑問的，你將會從此得到成功。

相對來說，做自己沒有興趣的事情只會事倍功半，有可能一事無成。即便你靠著資質或才華可以把它做好，你也絕對沒有釋放出所有的潛力。因

此，我不贊同每個學生都追逐最熱門的專業，我認為，每個人都應了解自己的興趣、熱情和能力（也就是 EQ 中所說的「自覺」），並在自己熱愛的領域裡充分發揮自己的潛力。

比爾蓋茲曾說：「每天清晨當你醒來的時候，都會為技術進步給人類生活帶來的發展和改進而激動不已。」從這句話中，我們可看出他對軟體技術的興趣和熱情。一九七七年，因為對軟體的熱愛，比爾‧蓋茲放棄了數學專業。如果他留在哈佛繼續讀數學，並成為數學教授，你能想像他的潛力將被壓抑到什麼程度嗎？二〇〇二年，比爾蓋茲在領導微軟二十五年後，卻又毅然把首席執行官的工作交給了鮑爾默，因為只有這樣他才能投身於他最喜愛的工作──擔任首席軟體架構師，專注於軟體技術的創新。雖然比爾‧蓋茲曾是一個出色的首席執行官，但當他改任首席軟體架構師後，他對公司的技術方向做出了重大貢獻，更重要的是，他更有熱情、更快樂了，這也鼓舞了所有員工的士氣。

比爾‧蓋茲的好朋友，美國最優秀的投資家，華倫‧巴菲特也同樣認可熱情的重要性。當學生請他指示方向時，他總這麼回答：「我和你沒有什麼差別。如果你一定要找一個差別，那可能就是我每天有機會做我最愛的工作。如果你要我給你忠告，這就是我能給你的最好忠告了。」

比爾蓋茲和華倫‧巴菲特給我們的另一個啟示是，他們熱愛的並不是庸俗的、一元化的名利，他們的名利是他們的理想和熱情帶來的。美國一所著名的經管學院曾做過一個調查，結果發現，雖然大多數學生在入學時都想追逐名利，但在擁有最多名利的校友中，有百分之九十是入學時追逐理想、而非追逐名利的人。

我剛進入大學時，想從事法律或政治工作。一年多後我才發現自己對它沒有興趣，學業成績也只在中上。但我愛上了電腦，每天瘋狂的程式設計，

很快就引起了老師、同學的重視。終於，大二的一天，我做了一個重大的決定：放棄此前一年多在全美前三名的哥倫比亞大學法律系已經修成的學分，轉入哥倫比亞大學默默無名的電腦系。我告訴自己，人生只有一次，不應浪費在沒有快樂、沒有成就感的領域。當時也有朋友對我說，改變專業會付出很多代價，但我對他們說，做一個沒有熱情的工作將付出更大的代價。那一天，我心花怒放、精神振奮，我對自己承諾，大學後三年每一門功課都要拿A。若不是那天的決定，今天我就不會擁有在電腦領域所取得的成就，而我很可能只是在美國某個小鎮上做一個既不成功又不快樂的律師。

即便如此，我對職業的熱情還遠不能和我父親相比。我從小一直以為父親是個不苟言笑的人，直到去年見到父親最喜愛的兩個學生（他們現在都是教授），我才知道父親是多麼熱愛他的工作。他的學生告訴我：「李老師見到我們總是眉開眼笑，他為了讓我們更喜歡我們的學科，常在我們最喜歡的餐館討論。他在我們身上花的時間和金錢，遠遠超過了他微薄的收入。」我父親是在七十歲高齡，經過從軍、從政、寫作等職業後才找到了他的最愛 —— 教學。他過世後，學生在他抽屜裡找到他勉勵自己的兩句話：「老牛明知夕陽短，不用揚鞭自奮蹄。」最令人欣慰的是，他在人生的最後一段路上，找到了自己的最愛。

那麼，如何尋找興趣和熱情呢？首先，你要把興趣和才華分開。做自己有才華的事容易出成果，但不要因為自己做得好就認為那是你的興趣所在。為了找到真正的興趣和熱情，你可以問自己：對於某件事，你是否十分渴望重複它，是否能愉快的、成功完成它？你過去是不是一直嚮往它？是否總能很快的學習它？它是否總能讓你滿足？你是否由衷的從心裡（而不只是從腦海裡）喜愛它？你的人生中最快樂的事情是不是和它有關？當你這樣問自己時，注意不要把你父母的期望、社會的價值觀和朋友的影響融入你的答案。

如果你能明確回答上述問題，那你就是幸運的，因為大多數學生在大學四年裡都在摸索或悔恨。如果你仍未找到這些問題的答案，那我只有一個建議：給自己最多的機會去接觸最多的選擇。記得我剛進卡內基梅隆的博士班時，學校有一個機制，允許學生挑老師。在第一個月裡，每個老師都使盡全身解數吸引學生。正因為有了這個機制，我才幸運碰到了我的恩師瑞迪教授，選擇了我的博士題目「語音辨識」。雖然並不是所有學校都有這樣的機制，但你完全可以自己去了解不同的學校、專業、課題和老師，然後從中挑選你的興趣。你也可以透過圖書館、網路、講座、社團活動、朋友交流、電子郵件等方式尋找興趣愛好。唯有接觸你才能嘗試，唯有嘗試你才能找到你的最愛。

　　我的同事張亞勤曾經說：「那些敢於去嘗試的人一定是聰明人。他們不會輸，因為他們即使不成功，也能從中學到教訓。所以，只有那些不敢嘗試的人，才是絕對的失敗者。」希望各位同學盡力開拓自己的視野，不但能從中得到教益，而且也能找到自己的興趣所在。

　　成功的第三步：針對興趣，定階段性目標，一步步邁進

　　找到了你的興趣，下一步該做的就是制定具體的階段性目標，一步步向自己的理想邁進。

　　首先，你應客觀的評估距離自己的興趣和理想還差些什麼？是需要學習一門課、讀一本書、做一個更合群的人、控制自己的脾氣還是成為更好的演講者？十五年後成為最好的自己和今天的自己會有什麼差別？還是其他方面？你應盡力彌補這些差距。例如：當我決定我一生的目的是要讓我的影響力最大化時，我發現我最欠缺的是演講和溝通能力。我以前是一個和人交談都會臉紅，上台演講就會恐懼的學生。我做助教時表現特別差，學生甚至給我取了個「開復劇場」的綽號。因此，為了實現我的理想，我給自己設定了

多個提高演講和溝通技巧的具體目標。

　　其次，你應定階段性的、具體的目標，再充分發揮傳統美德——勤奮、向上和毅力，努力完成目標。比如：我要求自己每個月做兩次演講，而且每次都要我的同學或朋友去旁聽，給我回饋意見。我對自己承諾，不排練三次，絕不上台演講。我要求自己每個月去聽演講，並向優秀的演講者求教。有一個演講者教了我克服恐懼的幾種方法，他說，如果你看著觀眾的眼睛會緊張，那你可以看觀眾的頭頂，而觀眾會依然認為你在看他們的臉，此外，手中最好不要拿紙而要握起拳來，那樣，顫抖的手就不會引起觀眾的注意。當我反覆練習演講技巧後，我自己又發現了許多祕訣，比如：不用講稿，透過講故事的方式來表達時，我會表現得更好，於是，我仍準備講稿但只在排練時使用；我發現我回答問題的能力超過了我演講的能力，於是，我一般要求多留時間回答問題；我發現自己不感興趣的東西就無法講好，於是，我就不再答應講那些我沒有興趣的題目。幾年後，我周圍的人都誇我演講得好，甚至有人認為我是個天生的好演說家，其實，我只是實踐了勤奮、向上和毅力等傳統美德而已。

　　任何目標都必須是實際的、可衡量的目標，不能只是停留在思想上的口號或空話。制定目標的目的是為了進步，不去衡量你就無法知道自己是否取得了進步。所以，你必須把抽象的、無法實施的、不可衡量的大目標簡化成為實際的、可衡量的小目標。舉例來說，幾年前，我有一個目標是擴大我在公司裡的人際關係網，但「多認識人」或「增加影響力」的目標是無法衡量和實施的，我需要找一個實際的、可衡量的目標。於是，我要求自己「每週和一位有影響力的人吃飯，在吃飯的過程，要這個人再介紹一個有影響的人給我」。衡量這個目標的標準是「每週與一人一餐、餐後再認識一人」。當然，我不會滿足於這些基本的「指標」。擴大人際關係網的目的是使工作更成功，

所以，我還會衡量「每週一餐」中得到了多少資訊，有多少我的部門雇用的人是在這樣的人際網中認識的。一年後，我的確從這些衡量標準中，看到了自己的關係網有了顯著的擴大。

制定具體目標時必須了解自己的能力。目標設定過高固然不切實際，但目標也不可定得太低。對目標還要做及時調整：如果超出自己的期望，可以把期望提高；如果未達到自己的期望，可以把期望調低。達成了一個目標後，可以再制定更有挑戰性的目標；失敗時要坦然接受，認真總結教訓。

最後，再一次提醒同學們，目標都是屬於你的，只有你知道自己需要什麼。制定最合適的目標，主動提升自己，並在提升過程中客觀的衡量進度，這樣才能獲得成功，才能成為更好的自己。

自信是自覺而非自傲

自信的人敢於嘗試新的領域，能更快的發展自己的興趣和才華，更容易獲得成功。自信的人也更快樂，因為他不會時刻擔心和提防失敗。

很多人認為自信就是成功。一個學生老得第一名，他有了自信。一個員工總是被提升，他也有了自信。但這只是一元化的成功和一元化的自信。

其實，自信不一定都是好事。沒有自覺的自信會成為自傲，反而會失去了別人的尊重和信賴。好的自信是自覺的，即很清楚自己能做什麼，不能做什麼。自覺的人自信時，他成功的概率非常大；自覺的人不自信時，他仍可努力嘗試，但會將風險坦誠的告訴別人。自覺的人不需要靠成功來增強自信，也不會因失敗而喪失自信。

自信的第一步：不要小看自己，多給自己打氣

「自」信的關鍵在於自己。如果你自己總認為自己不行，你是無法得到自信的。例如：馬加爵曾說：「我覺得我是失敗的，同學都看不起我……很多人比我老練，讓我很自卑。」雖然馬加爵很聰明也很優秀，但他從沒有真正

自信過。

自信的祕密是相信自己有能力。古諺說：「天生我才必有用。」，「一枝草，一點露」，每個人都有自己的特性和長處，值得看重和發揮。我記得我十一歲剛到美國時，課堂上一句英語都聽不懂，有一次老師問「1/7 換算成小數等於幾？」我雖然不懂英文，但認得黑板上的「1/7」，這是我以前「背」過的。我立刻舉手並正確回答了這個問題。不會「背書」的美國老師詫異的認為我是個「數學天才」，並送我去參加數學競賽，鼓勵我加入數學夏令營，幫助同學學習數學。她的鼓勵和同學的認可給了我自信。我開始告訴自己，我有數學的天分。這時，我特別想把英文學好，因為只有這樣才能學習更多的數學知識。這種教育方式不但提高了我的自信，也幫助我在各方面取得了長足的進步。

亞洲式教育認為人的成長是不斷克服缺點的過程，所以老師更多是在批評學生，讓學生彌補最差的學科。雖然應把每科都學得「足夠好」，但人才的價值在於充分發揮個人最大的優點。美國蓋洛普公司最近出了一本暢銷書《現在，發掘你的優勢》。蓋洛普的研究人員發現，大部分人在成長過程中都試著「改變自己的缺點，希望把缺點變為優點」，但他們卻碰到了更多的困難和痛苦；而少數最快樂、最成功的人的祕訣是「加強自己的優點，並管理自己的缺點」。「管理自己的缺點」就是在不足的地方做得足夠好，「加強自己的優點」就是把大部分精力花在自己有興趣的事情上，從而獲得無比的自信。

凌志軍的《成長》一書裡還有很多得到自信的例子：微軟亞洲工程院院長張巨集江說他從小就「相信我是最聰明的。即使再後來的日子裡我常常不如別人，但我還是對自己說：我能比別人做得好」；微軟亞洲研究院的主任研究員周明小時候在「學生勞動」中刷了一百零八個瓶子，打破了記錄，從而獲得自信。他說：「我原來一直是沒有自信心的，但是這件事給了我自信。這

是我一生中最快樂的經驗，散發著一種迷人的力量，一直持續到今天。我發現了天才的全部祕密，其實只有六個字：不要小看自己。」

自信是一種感覺，你沒有辦法用背書的方法「學習」自信，而唯一靠「學習」提升自信的方法是以實例「訓練」你的大腦。要得到自信，你必須成為自己最好的啦啦隊，每晚入睡前不妨想想，今天發生了什麼值得你自豪的事情？你得到了好的成績嗎？你幫助了別人嗎？有什麼超出了你的期望嗎？有誰誇獎了你嗎？我相信每個人每天都可以找到一件成功的事情，你會慢慢發現，這些「小成功」可能會越來越有意義。

有個著名教練在每次球賽前，總會要求隊員回憶自己最得意的一次比賽。他甚至讓隊員把最得意的比賽和一個動作（如緊握拳頭）聯繫起來，以便使自己每次做這個動作時，就會下意識想到得意的事，然後在每次比賽前反覆做這個動作以「訓練」大腦，提升自信。

希望同學們都能成為自己最好的啦啦隊，同時多結交為你打氣的朋友，多回味過去的成功，千萬不要小看自己。

自信的第二步：用毅力、勇氣，從成功裡獲得自信，從失敗裡增加自覺

當你感覺到自信時，無論多麼小的成功，你都會特別期望再一次得到自己或別人的肯定，這時，你需要有足夠的毅力。只要你有毅力，就會像周明所說的那樣，「什麼事情只要我肯做，就一定可以做好。你能學會你想學會的任何東西，這不是你能不能學會的問題，而是你想不想學的問題。如果你對自己手裡的東西有強烈的欲望，你就會有一種堅韌不拔的精神，尤其當你是普通人的時候。」

有時，你可能沒做過某一件事，不知道能不能做成。這時，除了毅力外，你還需要勇氣。我以前在工作中，一般的溝通沒有問題，但到了總裁面前，總是不敢講話，怕說錯話。直到有一天，公司要做改組，總裁召集十多

個人開會，他要求每個人輪流發言。我當時想，既然一定要講，那不如把心裡話講出來。於是，我鼓足勇氣說：「我們這個公司，員工的智商比誰都高，但是我們的效率比誰都差，因為我們整天改組，不顧到員工的感受和想法……」我說完後，整個會議室鴉雀無聲。會後，很多同事給我發電子郵件說：「你說得真好，真希望我也有你的膽子這麼說。」結果，總裁不但接受了我的建議，改變了公司在改組方面的政策，而且還經常引用我的話。從此，我充滿了自信，不懼怕在任何人面前發言。這個例子充分印證了「你沒有試過，你怎麼知道你不能」這句話。

有勇氣嘗試新事物的同時，也必須有勇氣面對失敗。大家不能只憑匹夫之勇去做註定要失敗的事。但當你畏懼失敗時，不妨想一想，你怕失去什麼？最壞的下場是什麼？你不能接受嗎？在上面的例子中，如果總裁否定了我的看法，他會不尊重我嗎？不但不會，別人很可能還會認為我勇氣可嘉。而且，自覺的人會從失敗中學習，認識到自己不適合做什麼事情，再提升自己的自覺。因此，不要畏懼失敗，只要你盡了力，願意向自己的極限挑戰，你就應為自己的勇氣而自豪。

一個自信和自覺的人，如果能勇敢嘗試新的事物，並有毅力把它做好，他就會從成功裡獲得自信，從失敗裡增加自覺。

自信的第三步：自覺定具體的目標，虛心的聽他人的評估

培養自信也要設定具體的目標，一步步的邁進。這些目標也必須是可衡量的。我曾把我在總裁面前發言的例子講給我女兒聽，因為她的老師認為她很害羞，在學校不舉手發言，我希望鼓勵她勇於發言。她同意試一試，但她認為只有在適當的時候，有最好的意見時才願意發言。但是，我認為有了「最好的意見」這個主觀的評估，目標就很難衡量。於是，我和她制定了一個可衡量的、實際的目標：她每天舉一次手，如果堅持一個月就有獎勵。然

後，我們慢慢增加舉手的次數。一年後，老師注意到，她對課堂發言有了足夠的自信。

自信絕非自我偏執、不容許自己犯錯，或過度自我中心，失去客觀的立場。我有個絕頂聰明的同事，他一生認準了「我永遠不會錯」這句「真理」。他表現得無比自信，一旦證明他某句話是對的，他就會提醒所有人幾個月前他早就說過了。但因為他幾乎是為了自信而活著，一旦證明他某句話是錯的，他就會顧左右而言他，或根本否認此事。雖然他的正確率高達百分之九十五，但百分之五的錯誤讓他失去了自己的信譽和他人的尊敬。這個例子告訴我們，自傲的自信或不自覺的自信甚至比不自信更加危險。

EQ 中的自覺有兩個層面：對自己和環境皆能俱到，掌握主客觀的情勢。有自覺的人不會過度自我批評，也不會天真的樂觀，他們能客觀的評估自己。所以，他們會坦誠的面對自己的能力極限，不會輕易的接受自己能力範圍外的工作。當然，他們仍樂於接受挑戰，但會在接受挑戰時做客觀的風險評估。這樣的人不但對自己坦誠，對他人也坦誠。坦誠的面對失敗會得到別人的信賴，因為他們知道你接受了教訓。坦誠的面對自己的缺點也會得到別人的尊敬，因為他們知道你不會自不量力。所以，自覺的人容易成功，也容易自信。

自覺的人不但公平的評價自己，還主動要求周圍的人給自己批評和回饋。他們明白，雖然自己很自覺，但別人眼中的自己是更為重要的。一方面，別人眼中的自己更為客觀，另一方面，別人眼中的自己才是真正存在的自己（Perception is reality），也就是說，如果別人都認為你錯了，只有你自認為沒有錯，那麼在社會、學校或公司眼中，你就是錯了。所以，你必須虛心的理解和接受別人的想法，而且以別人的想法作為最終的目標。比如：我女兒可以每天評估自己的發言，但最終，只有當老師和同學們認為她是個

開朗的、有想法的學生時,她才達到了最終的目標。

獲得坦誠的回饋特別是負面的回饋並不容易。所以,你最好能有一些勇敢坦誠的知心好友,他們願意在私下對你說真心話。當然,你不能對負面的回饋有任何不滿,否則你以後就聽不到真心話了。除了私下的回饋外,在美國的公司裡,還有一種「三百六十度」意見調查,可以對員工的上司、下屬同時做多方面的調查。因為這種調查是匿名的,它往往能獲得真實的意見,如果很多人都說你在某方面仍須改進,這樣的說法就比自己的或老闆的看法更有說服力。雖然在學校裡沒有這種正式的調查,但是你仍然可以盡力的去理解他人對你的想法。我的父親常教誨我們凡事謀之於眾,就是指開放心胸,切勿坐井觀天,局限了自己的視野。

馬加爵說:「同學都看不起我。」其實,如果他有勇氣向他信任的同學求證,他也許會發現自己錯怪了同學,也許會發現交錯了朋友,也許會證實同學確實看不起他並了解其中的原因,然後自我改進。坦誠的交流和真心的朋友或許都可以幫助馬加爵避免悲劇的發生。

有自覺的人會為自己制定現實的目標,客觀的衡量自己,並會請他人幫助評估。這樣的人能持續提升自己的自信,並能避免自信發展為自傲。

快樂比成功更重要

科學研究證明:心情好的人最能發揮潛力;快樂能提高效率、創造力和正確決策的概率;快樂的人有開明的思想,願意幫助別人。但與其說快樂帶來成功,還不如說成功的目的是帶來快樂。我曾建議同學們追逐自己的理想和興趣,其實做自己理想的、有興趣的事情就是一種快樂。所以,快樂比成功更應成為我們的最終目標。

快樂的第一步:接受你的父母、環境、自己

不快樂的人總對一些無奈的事生悶氣,不喜歡自己、父母和老師,不願

意讀枯燥的書、不願意應付考試。對於這些無奈的事，我希望同學們能學會坦然的接受它們。

在所有「不能改變的事情」中，最不能改變的是父母，最應接受的也是父母。有不少學生說：「父母不理解我，不接受我，不體會我的想法，總要求我用他們的價值觀和理念來做事、讀書、求學。所以我總是避開他們，越來越孤獨。」對這些同學，我的回答包括以下兩個方面：

第一，你應該接受你的父母，千萬不要因為感覺父母不理解你而自我封閉。父母的成長環境不同，思維方式不同，他們對成功的定義可能也不同，對你的期望與你對自己的期望就有較大的差異。但他們人生的路走得比你長，經驗比你豐富，你不能先入為主的排斥他們。另外，你必須理解，父母是世界上最愛你的人，他們也是唯一可以無條件為你付出的人，你應該無條件接受你的父母。做子女的經常把父母親過度理想化，而疏忽了絕大多數的父母，在他們生長的環境中，比我們更為匱乏、不足，他們可能沒有機會學習如何當一個稱職的父母，但以他們的條件，也盡力了。如果我們鄙視、排斥父母，無異是對自己生命的來源不敬，那如何能快樂？

第二，你可以試著去改變父母的想法，但你首先應反問，你理解和接受你的父母嗎？你能體會父母的想法嗎？當你抱怨父母總是期望你完美時，難道你不也是在期望父母完美嗎？凌志軍建議說：「父母對你們的期望沒有錯，只是你們應該讓父母了解，你們對他們的期望。」所以，在要求他們理解你之前，你應先去理解他們，這樣才能更成功和他們溝通。相互了解後，也許你們仍有不同意見但能彼此諒解，也許你或他們會改變原來的看法而達到共識。為此，你首先應和父母建立一個坦誠的溝通關係。也許起初你們會覺得彆扭，但我相信你們很快就會體會到親情與溫馨。

除了接受父母，你還應接受環境中不能改變的事情。有些同學期望著不

必考他們認為沒用的題目，不必上他們認為沒用的課，不必聽他們不信任的老師講課。但在社會中生存，我們必須學會接受那些不能改變的事。凌志軍說：「如果我遇到『應該做的事情』和『喜歡做的事情』之間的衝突，我會給自己安排一個時間表，每天在規定的時間裡完成『應該做的事情』── 時間表能激勵你集中精力並提高效率。然後去做『喜歡做的事情』。」人生是有限的，大家應把有限的時間用在「喜歡做的事情」上，但必須先把「應該做的事情」做得足夠好。

最無謂的「煩惱」就是對自己不滿意。這不但浪費了時間，而且會造成事倍功半。所以，同學們一方面要培養自己的自信，以每一個小的成功來激勵自己，另一方面也必須能接受自己，理解你們是為自己而生活的。為自己而生活就是要為了自己的快樂、興趣和人生目標而努力，不要活在別人的價值觀裡。微軟亞洲研究院院長沈向洋小時候一直活在別人的價值觀裡，為了「第一名」拼命，但是有一天，「我忽然意識到原來的想法錯了。打敗別人，得第一名，不是最重要的。最重要的是，你能不能學會尊重你自己，能不能發現自己的價值在哪裡。」

當你開始為自己而生活，接受並喜歡你自己，接受並接近你的父母，接受環境中不能改變的事情，你就會發現你開始快樂了。

快樂的第二步：宣洩你的情感，控制你的脾氣

心理學家認為，馬加爵「在精神上一直是孤獨的，因為他總不願與人交流，不願說出自己真實的感受……是一個情緒反應相當激烈的人，但是他外表上又是一個相當壓抑的人。」馬加爵給親人的信上也寫道：「我這個人動情的話歷來就講不出口。」如果馬加爵能直接的宣洩自己的感情，他也許可以防止悲劇發生。事後馬加爵也想到：「逃亡的時候覺得自己傻，可以選擇吵架就算了，沒有必要殺人。」

中國人總認為矜持、含蓄是美德。但我認為，在今天的時代裡，直截了當的溝通更為重要。拐彎抹角、言不由衷、瞻前顧後、當面不說、背後亂講都是壞習慣。有一位中國老闆和他的下屬吵架，他問我是不是該請第三者調解，我給他的建議是：因為這是情感的事情，你應該直接去和下屬溝通；第三者為了做和事佬，可能會說出違背你或你的下屬意願的話（例如謊稱你已經認錯，但其實你沒有），這反而會造成更多的麻煩。

當然，在情感問題上，直接溝通也需要技巧。例如：那位老闆如果第一句話就對下屬說：「你錯了，但是我不和你計較。」那麼下屬肯定會反感。如果老闆說：「你在那麼多人面前罵我，很顯然是你想搶我的工作。」結果就更不堪設想。顯然，當你直接溝通時，不要論對錯，不要猜測別人的動機，更不要再趁機補一句。最有效的溝通就是直接談到你的感情，比如那位老闆可以說：「當你在那麼多人面前罵我時，我感到失去尊嚴，非常為難。」這樣一句話是不能反駁的，甚至可能會引發理解和同情。

當你怒火中燒時，把憤怒的話轉變成感性的話並不容易。要做到這一點，我們又需要依靠「自覺」和「自控」。自覺不只是認識自己的能力，更是認識自己的感情。自覺的人知道自己何時會喜怒哀樂，也理解喜怒哀樂的宣洩會造成何種後果。如果他感到氣憤，他不會瞬間爆炸，因為他知道爆炸的後果，但他也不會壓抑自己的感情，因為那會對心靈造成很大的傷害，他通常會盡量自控的用最有建設性的方式處理。正面、感性的溝通可以降低火爆的氣氛。感情和溝通都是最有感染性的，你完全可以用有建設性的、寬容的態度來與他人溝通並影響他人。

自控是一種內心的自我對話，可以提醒自己不要落入惡劣態度的陷阱。除了上溯的理智分析外，深呼吸是最快、最簡單的情緒調節方法，中國人說：「心浮氣躁」、「心神不寧」、「心亂如麻」、「心焦如焚」，指的都是心情紊

亂和情緒及精神狀態的關係，而「氣定神閒」、「心安理得」最方便的做法就是深呼吸，也就藉由調氣調息，把氣調順了，比較能擺脫情緒的牽扯，回到理性思考。美國對有暴力行為的加害人，都會施以團體教育，而教導他們認清暴力的毀滅性，學習控制自己的衝動，也就是懂得「叫停」或「離開現場」，以保護自己和對方的安全，避免鑄成大錯。

如果認為自控不容易，那麼，你可以請你的知心好友隨時提醒你。我過去的一個老闆常常一生氣就一發不可收拾，而且他生氣都有前兆：他會先用刁鑽的問題考倒你，然後他開始顫抖，最後他才發脾氣。但他想改掉這個毛病，於是他要求我在每次看到前兆時，用一句「密語」（如「讓我們言歸正傳吧」）來提醒他。幾次「密語」提醒之後，他就有了自覺和自控的能力，再也不需要別人提醒了。

快樂的第二步：有人分享快樂加倍，有人分擔痛苦減半

科學研究告訴我們，調節自己的心情最好的方法就是找到知心的人傾訴和溝通。科學的根據是，感情源於人腦的 lymbic 系統，而該系統主要靠與他人的接觸調節。科學證明，在一起交談的兩個人會慢慢達到同樣的心理狀態（喜怒哀樂）和生理狀態（體溫、心跳等）。因此，若想達到感情的平衡，我們必須懂得依靠別人。與人溝通是提升你的情商和快樂的唯一方法。與世隔絕的人只會越來越苦悶。西方有一古諺：「有人分享快樂加倍，有人分擔痛苦減半。」馬加爵所謂的真情，應該就是指能分享心情、內心的人吧？

所以，如果你情緒不好，或受了委屈時，應多向父母、朋友傾訴，不要像馬加爵那樣總把話悶在心裡，只對日記傾訴。馬加爵很苦悶，卻沒有傾訴苦悶的管道。他說：「我在學校一個朋友也沒有，我在學校那麼落魄……在各種孤獨中間，人最怕精神上的孤獨。」馬加爵在人際交往中碰到很多障礙，這些障礙帶給他苦悶，而這些苦悶又沒有管道宣洩，進而造成更大的苦悶。

這個惡性循環最終導致了悲劇的發生。其實，馬加爵的內心獨白，證明他是一個有自覺的人，他能看清自己的困境，可惜他將自己鎖在自我封閉的牢籠裡，讓仇恨把他帶向毀滅。記得去年，非典風波，最恐怖的威脅就是被隔離，可是平日裡我們卻常忽略了心裡的孤立，使我們和快樂絕緣。

要得到快樂，你需要幽默、樂觀的想法和溝通。在所有的溝通中，「笑」的感染力是最大的。耶魯大學的研究發現，「笑」的感染力超過了所有其他感情，人們總會反射式的以微笑來回報你的微笑，而開懷的大笑更能迅速創造一個輕鬆的氣氛，此外，幽默的笑也能促進相互信任，激發靈感。樂觀、正面思考的力量是無窮的。近年來憂鬱症已成為全世界來勢洶洶的心理疾病，而其和負面思考有極大的關係，有些人習慣鑽牛角尖，往悲觀無助的方向想，困在死巷中。如果能換個角度，半杯水有一半滿的而非一半空的！現在的不如意，代表有無限成長進步的空間。學習檢查自己，常保正念。

無論是驅逐悲傷或是獲取快樂，我們都需要從傾訴和溝通中得到正面的激勵。最自然的溝通對象可能是你的親人，特別是你的父母。我相信，所有的父母都願意聽孩子的傾訴。

但是，「在家靠父母，出外靠朋友」，所以我們也需要和知心朋友溝通、傾訴。交朋友時不要只看朋友的嗜好和個性，更重要的是，你需要一些會鼓勵人的、樂觀的、幽默的、誠懇的、有同理心的、樂於助人的、願意聽人訴說的朋友。也許你會說：「我沒有這樣的朋友，也不敢去亂找朋友，如果別人拒絕怎麼辦？」如果別人拒絕你，你沒有失去任何東西，但如果別人接受你，你可能因此找到你自己。

我希望你也會在尋找好友的過程中，也讓自己成為這樣一個會鼓勵人的、樂觀的、幽默的、誠懇的、有同理心的、樂於助人的、願意聽人訴說的人，並盡力去幫助你周圍的親人和朋友。唯有更多人願意付出，快樂才能更

迅速的透過人際網擴散。

我的人才觀

李開復　二〇〇〇年

名人小視窗

在二〇〇〇年，李開復在網路上為大學生寫了〈我的人才觀〉，文章提到的堅守誠信和正直的原則、生活在群體之中、做一個主動的人、挑戰自我、直截了當的溝通等做人的道理，被不少大學生列為座右銘。

演講辭

人才在一個資訊社會中的價值，遠遠超過一個工業社會。原因很簡單。在一個工業社會中，一個最好的、最有效率的工人，或許比一個一般的工人能多生產百分之二十或百分之三十。但是，在一個資訊社會中，一個最好的軟體研發人員，能夠比一個一般的人員多做出百分之五百甚至百分之一千的工作。

「人才」為什麼對微軟如此重要？

人才的重要性

人才在一個資訊社會中的價值，遠遠超過在一個工業社會中。這原因很簡單。在一個工業社會中，一個最好的、最有效率的工人，或許比一個一般

的工人能多生產百分之二十或百分之三十。但是，在一個資訊社會中，一個最好的軟體研發人員，能夠比一個一般的人員多做出百分之五百甚至百分之一千的工作。舉一個例子，世界上最小的 Basic 語言就是比爾·蓋茲一個人寫出來的。而為微軟帶來巨額利潤的 Windows 也只是由一個研究小組做出來的。

而在一個研究機構中，人才的重要性更高，因為研究和開發有著相當的不同。一位研究員「想」的能力比「做」的能力更重要。一個了不起的研究員（如愛迪生）的成就，是一般的研究員根本無法相比的。舉一個電腦界的例子，在一九七○年 —— 一九八○年之間，XeroxPARC 是一個只有數十人的小實驗室。但據我曾在 Xerox 工作的朋友 AlanKay 說，這數十人有「可怕的才華」。這「可怕的才華」帶給了電腦界多項了不起的發明:雷射印表機、Bitmap 白底黑字的顯示、用滑鼠的 GUI（圖像使用者介面）、圖像式的文書處理軟體、乙太網和物件導向技術。這六項發明，啟發了微軟、蘋果、惠普、IBM、Sun、Cisco 及其他公司，終於在十年後把這些技術帶入主流。今天的人類能進入資訊社會，XeroxPARC 的數十研究員功不可沒。

愛才的例子

因為人才的可貴，比爾蓋茲先生常常提到，對微軟最大的挑戰，就是繼續快速發掘和雇用和現在的員工一樣優秀的人。針對研究，他也曾說，研究的成功完全靠人才，所以微軟追隨人才。

一九九一年，當比爾蓋茲先生決定創立美國微軟研究院時，他請了多名說客（包括在 DEC 公司帶領 VAX 隊伍的 GordonBell 先生，微軟的首席技術官 Nathan Paul Myhrvold 先生），專程到美國賓州的卡內基梅隆大學，邀請世界著名的作業系統專家雷斯特教授（也就是我現在的老闆）加入微軟。

經過六個月的時間，在蓋茲先生三顧茅廬的誠意之下，雷斯特教授終於加入了微軟。

　　雷斯特博士加入微軟以後，也同樣的，用最高的誠意和無限的耐心，去邀請電腦界最有成就的專家參加微軟，共創未來。上文提到的一些專家（如在 XeroxPARC 發明雷射印表機的 Gary Starkweather，在 Xerox 發明文書處理軟體的 Charles Simonyi，在 Xerox 帶領軟體研究的 Butler Lampson，在 Xerox 帶領硬體研究的 Chuck Thacker，在蘋果做出 Finder 的 Steve Capps，發明 VAX 的 Gordon Bell），還有上百名在其他方面的世界專家，都在這八年（或更早的時候），經過雷斯特博士的遊說，加入了微軟。

　　我個人也被微軟研究院多年經營的成功及和這些專家共事的機會所吸引，並被雷斯特博士的誠意所感動，最終決定加入微軟。但我也可舉一個非微軟的例子。在加入微軟的第二天，我意外接到了蘋果電腦公司總裁史蒂芬‧賈伯斯的長途電話。他在中國找到了我，並告訴我，自一九九六年我離開蘋果之後，他曾多次找我回蘋果。但是他對我換工作沒有去找他感到十分失望。他希望說服我考慮回到蘋果。當然他沒有說服我，但是我對他的器重非常感激，他的愛才也值得我欽佩和學習。

發掘人才

　　既然人才如此重要，微軟研究院是如何去發掘人才的呢？

　　首先，我們要找有傑出成果的領導者。這些領導者，有些是著名的專家，但有時候最有能力的人不一定是最有名的人。許多電腦界的傑出成果，經常是由一批幕後研究英雄創造的。無論是台前的名教授，還是幕後的研究英雄，只要他們申請工作，我們都會花很多的時間去理解他們的工作，並遊說他們考慮到微軟中國研究院來。

　　另外，我們要找最有潛力的人。對我而言，潛力包括：聰明才智、創造力、學習能力、對工作的熱愛和投入。我認為這類的「潛力」比專業經驗、在校成績和推薦信更重要。

　　如何去判斷這些方面的能力呢？在微軟，我們有比較特殊的面試方式。每一次面試通常都會有多位微軟的員工參加。每一位員工都要事先分配好任務，有的會出智力方面的問題，有的會考反應的速度，有的會測試創造力及獨立思想的能力，有的會考察與人相處的能力及團隊精神，有的專家則會深入的問研究領域或開發能力的問題。面試時，我們問的問題都是特別有創意的。比如：測試獨立思想能力時，我們會問這一類的問題：

　　請評價微軟公司電梯的人機界面。

　　為什麼下水道的蓋子是圓的？

　　請估計北京共有多少加油站？

　　這些問題不一定有正確的答案，但是我們由此可測出一個人思維和獨立思想的方式。

　　每一位員工面試之後都會把他的意見、決定（必須雇用、應雇用、可雇用、可能雇用或不雇用）、已徹底探討的方向及建議下面員工可探討的方向，用電子郵件通知所有下面的員工。

　　最後，當所有的面試結束之後，我們會集體做總結，挑選新員工。我們通常是在獲得全體同意之後才雇用一個人。但是就算全體同意，我們仍會問申請者的老師、同學或其他可能認識申請者的人的意見。若一切都是很正面的，我們才會雇用這位申請者。

　　這樣的嚴格組織、謹慎態度和深入面試代表了我們對人才的重視。經過這一嚴格的過程，微軟中國研究院已經慎重的雇用了四十多名員工。

吸引，留住人才

很多人認為，雇用人才的關鍵是待遇。更多人認為，微軟來到中國可以「高薪收買最好的人才。」確實，每一個人都應該得到適當的待遇，而在微軟中國研究院，我們也會提供有競爭性的（但是合理的）待遇。但是，對一個研究人員來說，更重要的應是研究的環境。我希望我能夠開闢一個特別吸引人的環境，包括：

充分的資源支持，讓每個人沒有後顧之憂。

最佳的研究隊伍和開放、平等的環境，讓每個人都有彼此切磋、彼此學習的機會。

造福人類的機會，讓每個人都能為自己的研究所啟發的產品自豪。

長遠的眼光和吸引人的研究題目，讓每個人都熱愛自己的工作。

有理解並支持自己研究的領導，讓每個人都能得到支持，在緊隨公司的大方向的同時，仍有足夠的空間及自由去發展自己的才能，追求自己的夢想。

所以，我認為如果只是用高的待遇，或許可以吸引到一些人，但只有一個特別吸引人的環境，才能吸引到，並且長期留住所有最佳的人才。

在微軟全球所有的研究院中，我們的人才流失率不到百分之一（美國矽谷的人才流失率在百分之三十左右）。我在微軟面試的時候，最大的感觸是發現每一個人都特別快樂，特別熱愛和珍惜他的工作。因此，我在中國給自己的一個目標，就是建立一個同樣好的研究環境，讓每個人都能在微軟研究院，滿足的追求自己的夢想，幫助微軟開發重要的技術，更進一步說明中國資訊界的發展。

人性的迷失能否回復

李嘉誠　二○○三年

名人小視窗

李嘉誠一九二八年出生於廣東潮州，父親是小學校長。一九四○年為躲避日本侵略者的壓迫，全家逃難到香港。兩年後，父親病逝。為了養活母親和三個弟妹，李嘉誠被迫輟學走上社會謀生。一開始，李嘉誠為一間玩具製造公司當推銷員。工作雖然繁忙，失學的李嘉誠仍用工餘之暇到夜校進修，補習文化。由於勤奮好學，精明能幹，不到二十歲，他便升任塑膠玩具廠的總經理。兩年後，李嘉誠把握時機，用平時省吃儉用積蓄的七千美元創辦了自己的塑膠廠，他將它命名為「長江塑膠廠」。一九五八年，李嘉誠開始投資地產市場。他獨到的眼光和精明的開發策略使「長江」很快成為香港的大地產發展和投資實業公司。當「長江實業」於一九七二年上市時，其股票被超額認購六十五倍。到一九七○年代末期，他在同輩大亨中已脫穎而出。一九七九年，「長江」購入老牌英資商行──「和記黃埔」，李嘉誠因而成為首位收購英資商行的華人。一九八四年，「長江」又購入「香港電燈公司」的控制性股權。李嘉誠先生現任「長江實業集團有限公司」董事局主席兼總經理及「和記黃埔有限公司」董事局主席。其所管理的企業，於一九九四年除稅後盈利達二十八億美元。一九九五年十二月，長江實業集團三家上市公司

的市值，總共已超過四百二十億美元。

此篇為他在二○○三年九月十九日汕頭大學開學典禮上的致詞。

演講辭

尊敬的各位校董、各位校領導、各位嘉賓、老師們、同學們：

小時候我的志願想做醫生，也曾想過當大學教授而不是要做一個企業家，你們也許不知道，我曾想過多少多少次，如果像你們一樣有機會上大學，我的一生又會如何呢？所以我很羨慕你們，因為我的夢想就是你們的現實，我很高興汕頭大學今天把我們連結在一起。

我們生活在一個充滿矛盾的時代，全球化到底代表些什麼？它是多元一體的世界，我們生活中的每一個範疇 —— 經濟、社會、文化、科技等，都不斷加速改變，這高速快車卻像沒有終點站，車上的人誰也不知道往哪裡去。全球化如此大規模的商貿及金融活動，在一個董事會議室內，就可以為地球另一端的地方創造價值或為投資賒帳，一張資產負債表是否就能反映商貿的真正價值呢？今天全球化資訊有爆炸性的力量，我們能傳遞資訊，我們又能否傳遞意義呢？變化已經成為人類生命的本體，再沒有人能凝固於往昔的日子裡，在這場追求效率及效益最大化的混戰中，生命可以變得很無情，人性可以很迷失，我們每一天要快人一步，根本沒有時間停下來，好好思考到底需要一個什麼樣的新典範，來面對經濟失衡，環境破壞，人性尊嚴及和平所受到的挑戰？

我們常說人為萬物之靈，人是一切發展的核心能源，我們兼具為善、為惡，有創造、有破壞的能力，我們為了追求進步，不斷提升自己的競爭力，這本來是對的，教育的本質是令我們積極向前。今天科技進步，通訊、醫療、生命科學等都不斷有新突破，我們擁有更多知識，但未必更有智慧；我

們能掌握事物的起因，但還不能預知未來。今天社會一切的困境不也就是人類創造出來的嗎？所以我們必須反思人性的迷失能否回復？我個人深信透過教育是做得到的。教育目標是傳播知識，啟迪思維、追求智慧、完善人格。我們生活在社會中，要與社會互動，懂得如何與自己相處，以及如何與別人相處。大家要有同理心，能異地而處，張開心胸去體會來自世界各地不同文化，不同種族的人們所思所想，才可以超越種族、性別、年齡、文化及其他隔閡，不僅要努力提升自己，更要致力建立社會共同的尊嚴，否則我們在全球化的過程中要能彼此和諧共處，只是遙遙不可及的希望。

各位同學，也許你認為今天你對別人最珍貴的付出是你的情，將來，你會知道，你最珍貴的付出其實是你的承擔。汕頭大學是我超越生命的承諾，今天我想代表校董會向你們說，對每一位有志貢獻於推動中國教育事業前進的工作者，汕頭大學歡迎你，對每一位立志成為社會棟梁對社會有承擔的同學，汕頭大學歡迎你！謝謝大家。

Are you ready ？

李嘉誠　二〇〇四年

名人小視窗

本篇為李嘉誠在汕頭大學二〇〇四年畢業典禮上的講話。

演講辭

各位校董、各位校領導、各位嘉賓、老師們、同學們：

這一刻肯定是你們感到興奮的時刻，你們認真學習，完成了人生一個重要階段，要踏上一個新的台階，這幾個晚上，我在校園裡，都能感受到你們的雀躍，你們是幸運的一代，我很替你們高興，我謹代表校董會、每一位校董和顧問，向你們致以衷心的祝賀。每當我們要展開新的一頁，追求一個新的夢想，編織一個新的希望，都是我們需要思考時，are you ready？ Do you have what it takes？

當你們夢想偉大成功的時候，你有沒有刻苦的準備？

當你們有野心做領袖的時候，你有沒有服務於人的謙恭？

我們常常都想有所獲得，但我們有沒有付出的情操？

我們都希望別人聽到自己的說話，我們有沒有耐性聆聽別人？

每一個人都希望自己快樂，我們對失落、悲傷的人有沒有憐憫？

258

每一個人都希望站在人前，但我們是否知道什麼時候甘為人後？

你們都知道自己追求什麼，你們知道自己需要什麼嗎？

我們常常只希望改變別人，我們知道什麼時候改變自己嗎？

每一個人都懂得批判別人，但不是每一個人都知道怎樣自我反省。大家都看重面子，but do you know honor？

大家都希望擁有財富，但你知道財富的意義嗎？

各位同學，相信你們都有各種熱情，但你知不知道什麼是愛？

這些問題，沒有人可以為你回答，只有你自己才知道你將會怎樣活出答案。這四年來你得來的知識，可助你在社會謀生，但未必可以令你懂得如何處世。只有你知道，你將會怎樣運用腦袋內知識素材，轉化為做人的智慧。生長與變化是一切生命的定律，昨天的答案未必適用於今天的問題，只有你的原則才是你生命導航的座標，只有你的情操才是你鼓舞生命的力量。沒有人可以為你打造未來，只有你才知道怎樣去掌握。

各位同學，are you ready？謝謝大家！

奉獻的藝術

李嘉誠　二〇〇四年

名人小視窗

這篇演講是二〇〇四年六月二十八日李嘉誠在汕頭大學對長江商學院三百名 EMBA 的演講。

演講辭

尊敬的各位領導、各位來賓、各位 EMBA 教授、同學們：

多謝大家常稱讚我是一個成功的企業家，對於這些支持、鼓勵，我內心是感激的。很多傳媒訪問我，都會問及如何可以做一個成功的商人，其實我很害怕被人這樣定位。我首先是一個人，再而是一個商人。每個人一生中都要扮演很多不同的角色；也許最關鍵的成功方法就是尋找得到導航人生的座標。沒有原則的人會飄流不定，正確的座標可讓我們在保持真我的同時，亦能扮演不同的角色，揮灑自如；在不同的職位上擁有不同程度上的成就，就活得更快樂更精彩。

不知從哪時開始，士農工商這樣的社會等級概念，深深扎根在傳統思想內。幾千年來，從政治家到學者，在評價商的同時幾乎都異口同聲帶著貶意。他們負面看待商人經濟的推動力，在制度上各種有欠公允的法令歷代層

出不窮，把司馬遷《史記・貨殖列傳》所說從商人士各任其能，竭其力以得所欲、資源互通有無、理性客觀的風險意識、資本運作技巧、生生不息的創意貢獻等等正面的評價，曲解為唯利是圖的表徵，貶為無商不奸，或是熙熙攘攘，都是為利而來，為利而往的唯利主義者。當然，在商的行列裡，也確實不乏滿腦袋只知道賺錢，甚至在道德上有所虧欠亦在所不惜，做出惡劣行為的人。他們傷害到企業本身及整個行業的形象。亦有一些企業只懂鑽營於道德標準和法律尺度中尋找灰色地帶。更多商人卻知道今天商業社會的進步不僅要靠個人勇氣，勤奮和堅持，更重要的是建立社群所需要的誠實、慷慨，從而創造出一個更公平、更公正的社會。

范蠡與富蘭克林是我從小就很喜歡聽的故事，從別人的生活可以有所領悟。當然，這不只限於名人或歷史人物，我們周遭的各人各事言行舉止，常常會帶來啟發，在商言商，有些時候，更會帶來巨利的機會。洛克菲勒與擦鞋童的故事相信大家都知道：當一九二九年華爾街股市崩潰前，一個路邊擦鞋童替洛克菲勒擦鞋時，給予他一項炒賣股票的所謂祕密消息，當時洛克菲勒領悟到當擦鞋童亦參與股票市場時，便可能是應該離場的時候，他隨即將股票兌現，此舉令他得以保存財富。

范蠡一句「飛鳥盡，良弓藏；狡兔死，走狗烹。」成了他傳世的名言，說盡了當時社會制度的缺憾。范蠡是太史公司馬遷所撰的《史記・貨殖列傳》中所記載的第一位貨殖專家，他曾拜計然為師，研習治國治軍方略，博學多才，有聖賢之明，是春秋時代著名的政治家。他不僅工於謀略，還有淵博及系統化的經濟思想，而且他本人亦憑藉其經濟智慧贏得了巨大的財富。老實說，現代經濟學很多供求機制的理論，歷史中也有記載。范蠡「積著之理」目的是務求貨物完好，沒有滯留的貨幣和資金，容易變壞的貨物不要久藏，切忌冒險囤居以求高價。研究商品過剩或短缺的情況，就會懂得物價漲跌的

道理。物價貴到極點，就會返歸於賤；物價賤到極點，就會返歸於貴。當貨物貴到極點時，要及時賣出，視同糞土；當貨物賤到極點時，要及時購進，視同珠寶；貨物、錢幣的流通周轉要如同流水那樣生生不息。范蠡的「計然之術」，還試圖從物質世界出發，探索經濟活動水準起落波動的根據；其「待乏」原則則闡明了如何預計需求變化並做出反應。他主張平價出售糧食，並平抑調整其他物價，使關卡稅收和市場供應都不缺乏，才是治國之道，更提出了國家積極調控經濟的方略。知道要打仗，就要做好戰備；要了解貨物，就要明白何時出現需求。旱時，要備船以待澇；澇時，要備車以待旱。強調人們不僅要尊重客觀規律，而且要運用和把握客觀規律，應用在變化萬千的經濟現象之中。

我覺得范蠡一生可算無憾，有文種這等知心相重的知交；有西施可共渡艱難，共渡辰光的伴侶，最重要的是有智慧守護終生。我相信他是快樂的，因為他清楚知道在不同時候，自己要擔當什麼角色，而且都這麼出色，這麼誠懇有節。勾踐敗國，范蠡侍於身後，不被夫差力邀招攬所動。「寡人曾聞：『賢婦不嫁破落之家，名士不仕滅絕之國』。如今勾踐無道，國家將亡，君臣淪為奴僕，羈於一室，先生不覺可恥嗎？先生如能改過自新，棄越歸吳，寡人必當赦免先生之罪，委以重任。」范蠡委婉推辭說：「臣聞『亡國之君不敢語政，敗軍之將不敢言勇。』賤臣在越不能輔佐勾踐行善政，以致得罪大王。今僥倖不死，入吳養馬掃地，賤臣已很滿足，哪裡還敢奢望富貴呢？」范蠡助勾踐復國後，又看透時局，離越赴齊，變名更姓為夷子皮。他與兒子們耕作於海邊，由於經營有方，沒有多久，產業竟然達數十萬錢。

齊國人見范蠡賢明，欲委以大任。范蠡卻相信久受尊名，終不是什麼好事。於是，他散其家財，分給親友鄉鄰，然後懷帶少數財物，離開齊到了陶，再次變易姓名，自稱為陶朱公。他繼續從商，每日買賤賣貴，沒過多

久，又積聚資財巨萬，成了富翁。

范蠡老死於陶。一生三次遷徙，皆有英名。書中沒有記載范蠡終歸是否無憾。我們的中國心有很多包袱，自我概念未能完善發展。范蠡沒有日記，沒有回憶錄；只有他行動的記錄，故無法分析他的心態。他歷盡艱辛協助勾踐復國，又看透勾踐不仁不義的性格，他建立制度，卻又害怕制度；他雄才偉略，但又厭倦社會的爭辯和無理；他成就偉大，卻深刻體會到世間上最強最有殺傷力的情緒是妒忌，范蠡為什麼會有如此消極的抗拒？（不參與本身就是一種抗拒）說完著名歷史人物范蠡，我想談一談一個美國的偉人。

來自另一個世界的班傑明‧富蘭克林在他墓碑上只簡單刻上「富蘭克林，印刷工人。」他是個哲學家、政治家、外交家、作家、科學家、商家，發明家和音樂家，聞名於世，像他這樣在各方面都展現卓越才能的人是少見的。富蘭克林西元 七〇六年生於波士頓，家境清貧，沒有接受全面完整的科學理論教育，他一直努力彌補這一遺憾，完全是靠自學獲得了廣泛的知識。他十二歲當印刷學徒，西元 七三〇年承辦賓州公報，期間，他《可憐李察的日記》一紙風行，成為除《聖經》外最暢銷的書。富蘭克林在美國費城從事印刷事業，刊行曆書，出版報紙，為政府印刷紙幣，實業上獲得了很大成功。富蘭克林超越年齡的智慧、對別人的關心、健全的思維、富於美德的生活方式以及他對公共事業的熱心和能力很快贏得了當地居民的信任。後來，居民們推舉富蘭克林擔任該地區許多重要職務。他曾經立下志願，凡是對公眾有益的事情，不管多麼困難，都要努力承擔。自西元一七四八年始，他開展了不同的公共項目，包括建立圖書館、學校、醫院等等。富蘭克林是一個很積極的人，透過出版，他不斷吸收學習，透過科研來滿足他對自然的好奇。做好事、做好人是驅動富蘭克林終生的核心思想，他極希望自己做的每一件事，均有益於社會，或有用於社會，身體力行為後人謀取幸福。

他名成利就後不忘幫助年輕人找到自己增值的方法，在他給一個年輕商人的忠告文章內他很實際的名句，「將時間和誠信作為錢能生錢可量化的投資」。在《財富之路》一文中，富蘭克林清楚簡單的說明，勤奮、小心、儉樸、穩健是致富之核心態度。勤奮為他帶來財富，儉樸讓他保存產業。富蘭克林十三個人生信條他都寫得簡明扼要，生動活潑，很受當時人們的歡迎，節制、緘默、秩序、決心、節儉、勤勉、真誠、正義、中庸、清潔、平靜、貞節、謙遜幾乎全可作為年輕人的座右銘。在美國獨立戰爭期間，他曾出使法國，爭取法國的支持。他的傑出工作，贏得了法國人民對美國人民的同情與支持，為獨立戰爭的勝利作出了貢獻。直到八十七歲高齡，他才辭去一切公務。制憲會議一開始，德高望重的富蘭克林就表現出了一個政治家的博大胸懷。西元一七八七年五月二十五日那天，賓夕法尼亞代表團提議由華盛頓擔任大會主席，並得到了一致同意。雖然那天富蘭克林因故沒有出席，可是提名華盛頓將軍的，卻是富蘭克林本人。後來當上美國總統的麥迪森在他的筆記裡寫道：這項提名來自賓夕法尼亞，實為一種特殊禮遇，因為富蘭克林博士一直被認為是唯一可與華盛頓競爭的人。此時的富蘭克林已經八十一歲。雖然年事已高，富蘭克林堅持留給制憲會議的絕非是名譽高位，而是胸襟、智慧和愛國精神。西元一七九〇年，這位為教育、科學、為公務獻出了自己一生的人，平靜與世長辭。他獲得了很高的榮譽，美國人民稱他為偉大的公民，歷代世人都給予他很高的評價。人類歷史豐碑上永遠會銘刻著富蘭克林的名字。

范蠡和富蘭克林，兩個不同的人，不同時代，不同文化背景，放在一起說好像互不相干，然而他們的故事值得大家深思。范蠡改變自己遷就社會，而富蘭克林推動社會的變遷。他們在人生某個階段都扮演過相同的角色，但他們設定人生的座標完全不同。范蠡只想過他自己的日子，富蘭克林利用他

的智慧、能力和奉獻精神建立未來的社會。就如他們從商所得，雖然一樣毫不吝嗇饋贈別人，但方法成果卻有天淵之別；范蠡贈給鄰居，富林克林用於建造社會能力，推動人們更有遠見、能力、動力和衝勁。有能力的人可以為社會服務，有奉獻心的人才可以帶動社會進步。

今天的中國人是幸運的，我們經歷著中國歷史從來未見的制度工程，努力建設持續開放及法治的社會，擁抱經濟動力和健康自我概念的發展，儘管未盡完善，亦不必像范蠡一樣受制於當時社會價值觀，只能以無我為外衣，追求自我，今日我們可以像富蘭克林建立自我，追求無我。在今天，停滯的思想模式已變得不合時宜，這不是要棄舊立新，採取二元對立、非黑即白的思維，而是要鼓勵傳統的更生力，使中國文化更適用於層次多元的世界。在全球化的今天，我們要懂得比較歷史，觀察現在和夢想未來。從商的人，應更積極、更努力、更自律，建立公平公正，有道德感，自重和守法精神的社會，才可為穩定、自由的原則賦予真正的意義。儘管沒有外在要求，我們要願意利用我們的智慧和勇氣，為自己、企業和社會創造財富和機會，各適其適。最近我讀到一段故事《三等車票》，在印度一位善心的富嬸，臨終遺願要將她的金錢，留給同村的貧困小孩分批搭乘三等火車，讓他們有機會見識自己的國家，增長知識之餘，更可體會世界的轉變和希望。栽種思想，成就行為；栽種行為，成就習慣；栽種習慣，成就性格；栽種性格，成就命運。這不知道是誰說的話，但我覺得適用於個人和國家。

我最近常常對人說，我有了第三個兒子，朋友們聽說後都一臉不好意思恭喜我。我是很高興，我不僅愛他，我的兒子也愛他，我的孫兒也愛他。我的基金會就是我第三個兒子。過去六十多年的工作，滄海桑田，但我始終堅持最重要的核心價值：公平、正直、真誠、同情心，憑仗努力和承蒙上天的眷顧，循正途爭取到一定的成就，我相信，我已創立的一定能繼續發揚；我

希望，財富的能力可有系統的發揮。

我們要同心協力，積極、真心、決心，在這個世上散播最好的種子，並肩建立一個較平等及富有同情心的社會，亦為經濟、教育及醫療作出貢獻；希望大家抱著慷慨寬容的胸懷，打造奉獻的文化，實現我們人生最有意義的目標，為我們心愛的民族和人類創造繁榮和幸福。

謝謝大家！

改變世界的 67 場演說：
品讀邱吉爾、德雷莎修女、愛因斯坦、富蘭克林、蔡元培、李開復等的人生精華

作　　者：李祐元

發 行 人：黃振庭

出 版 者：清文華泉事業有限公司

發 行 者：清文華泉事業有限公司

E-mail：sonbookservice@gmail.com

粉 絲 頁：https://www.facebook.com/
　　　　　sonbookss/

網　　址：https://sonbook.net/

地　　址：台北市中正區重慶南路一段六十一號八
　　　　　樓 815 室

Rm. 815, 8F., No.61, Sec. 1, Chongqing S. Rd.,
Zhongzheng Dist., Taipei City 100, Taiwan

電　　話：(02) 2370-3310

傳　　真：(02) 2388-1990

印　　刷：京峯彩色印刷有限公司（京峰數位）

律師顧問：廣華律師事務所 張珮琦律師

國家圖書館出版品預行編目資料

改變世界的 67 場演說：品讀邱吉爾、
德雷莎修女、愛因斯坦、富蘭克林、蔡
元培、李開復等的人生精華 / 李祐元著 .
-- 第一版 . -- 臺北市：清文華泉事業有
限公司 , 2022.06
　　面；　公分
POD 版
ISBN 978-626-7145-51-7(平裝)
1.CST: 言論集
078　　　　111007593

電子書購買

臉書

定　　價：360 元

發行日期：2022 年 06 月第一版

◎本書以 POD 印製